관능의 빗장을 푼

에로스의 사생활

관능의 빗장을 푼 에로스의 사생활
윤향기 지음

초판 인쇄 | 2013년 12월 02일
초판 발행 | 2013년 12월 06일

지은이 | 윤향기
펴낸이 | 신현운
펴낸곳 | 연인M&B
기 획 | 여인화
디자인 | 이희정
마케팅 | 박한동
등 록 | 2000년 3월 7일 제2-3037호
주 소 | 143-874 서울특별시 광진구 자양로 56(자양동 680-25) 2층
전 화 | (02)455-3987 팩스 | (02)3437-5975
홈주소 | www.yeoninmb.co.kr
이메일 | yeonin7@hanmail.net

값 18,000원

ⓒ 윤향기 2013 Printed in Korea

ISBN 978-89-6253-146-6 03810

이 책은 연인M&B가 저작권자와의 계약에 따라 발행한 것이므로 본사의 허락 없이는 어떠한 형태나 수단으로도 이 책의 내용을 이용하지 못합니다.
잘못된 책은 바꾸어 드립니다.

윤향기 지음

관능의 빗장을 푼
에로스의 사생활

이 세상에 올 때 처음 아기의 알몸을 받아들였던 신비로운 손의 촉감과 이 땅을 하직할 때 마지막 알몸을 어루만지는 그대의 숨겨놓았던 온기를 만나는 곳이다. 우정이란 그대가 빛나는 피부 감각으로 이 책의 바일 두르고 마지막을 덮는다면 그대는 이 세상의 맨 처음 소리와 이 세상의 맨 첫 물소리와 사위를 끝냈으므로 어제의 그대가 아닌 것이다. 이미, 에로스의 사생활은 기나긴 생이 무사통과하기를 열망하는 그대의 가슴속에서 그대의 부음을 기다리는 그대의 치유 입문서가 된 것이다.

인M&B

여는 글

"우주에는 성전이 하나 있다. 그대의 몸이다. 그대 몸에 손을 댈 때 하늘을 만진다." 토마스 카알라일은 말한다. 매혹적인 명화로 '이국적 호기심'을, 아름다운 명시로 '다국적 호기심'의 신드롬을 불러일으키는 그대여! 그대가 이 책을 넘기는 순간 그대는 푸르른 하늘을 만진 것이다. 열정 혹은 성찰로 대변되는 『에로스의 사생활』은 그런 당신에게 순수했던 유년기의 때 묻지 않은 삶의 원형질을 끄집어내게 해 줄 뿐만 아니라 사랑을 열병이라 부르는 그대에게 근사한 히치하이킹이 되어 줄 것이다.

사람과 사람 사이에 '터치' 만큼 좋은 치유법은 없다. 깊은 병으로 누워 있는 사람에게 과연 어떤 말이 위로가 될까? 급작스런 사고로 남편을 잃은 젊은 아내에게 무슨 말이 위안이 될까? 참 적당한 말이 없다. 하늘이 주는 것이니 그냥 받아야 된다고 말해야 하나? 깨진 자동차 유리같이 조각조각 온몸이 분해된 영혼은 어떤 위로가 그리울까? 나는 종종 인간의 말이 허접쓰레기는 아닐까 하고 생각해 보곤 한다. 슬픔을 위로하려고 입을 열면 혓바닥 위에서 그토록 찬란히 굴러다니던 단어들이 하나도 보이지 않는다. 다 어디 갔을까? 먹물처럼 캄캄하게 인간의 말을 잊어버린 그 순간 나는 가만히 손을 내밀어 떨고 있는 손을 잡기만 한다. 정말 눈뜨기도 힘들 때는 말 시키는 친구보다 곁에 조용히 앉아 손에 자신의 체온을 옮겨 주며 햇살이 기울 때까지 곁에 있어 주는 친구가 좋다.

명화와 명시로 이루어진 이 책을 채우고 있는 건 인간에 대한 진솔한 정이랄지 어떤 손길과 손길의 진득함 같은 어떤 것이다. 생명과 사랑의 총체인 에로스가 그대의 아름다운 몸의 시간과 둥근 나이테의 시간과 바람의 시간을 통해 대 자유의 향연을 거침없이 펼친다.

이 세상에 올 때 처음 아기의 알몸을 받아들었던 신비로운 손의 촉감과 이 땅을 하직할 때 마지막 알몸을 어루만지는 그대의 숨겨 놓았던 온기를 만나는 곳이다. 우정 어린 그대가 빛나는 퍼플 감각으로 이 책의 바이올렛 노래를 몸에 빙빙 두르고 마지막 장을 덮는다면 그대는 이 세상의 맨 처음 소리와 이 세상의 맨 첫 물로 샤워를 끝냈으므로 어제의 그대가 아닌 것이다. 이미, 『에로스의 사생활』은 기나긴 생이 무사 통과하기를 열망하는 그대의 가슴속에서 그대의 부름을 기다리는 그대의 치유 입문서가 된 것이다.

2013년 가을
윤향기

CONTENTS

여는 글 _ 04

에로티시즘의 두 얼굴 _ 010
누드로 책 읽는 여인들 _ 018
유방, 그 생명의 치어리더 _ 039
동성애 수업 중 _ 060
엉덩이 공작소 _ 073
팜므파탈의 발칙한 계보 _ 090
수간의 엑스터시 _ 105
숨길 수 없는 아름다움 _ 119
세계의 기원 _ 131
뒷모습, 그 머나먼 곳 _ 154
희망을 파는 장사꾼 _ 176
결혼식 날 _ 195
당신을 훔치는 창녀 _ 215
발의 욕정 _ 231
여신은 이렇게 속삭인다 _ 244
죽음의 이상한 콘서트 _ 262
시인의 말 _ 283

오귀스트 도미니크 앵그르 〈샘〉 1856, 오르세 미술관

에로티시즘의 두 얼굴

세상 바깥 꽃의 시간을 피우려고
제 봉오리에서 이슬을 줍는

양면의 잎들

아,
한 몸이다

—윤향기, 「얼굴, 한 잎」

고대 〈로마 동전〉

현대 문화심리에서 식욕과 성욕은 인간의 욕구가 아니다. 그렇다고 하여 인간과 동물을 구분시켜 주는 특질을 이성으로만 한정짓지 않는다. 도구를 사용하는 동물 호모 파베르(homo faber), 놀이를 즐기는 동물(homo ludens), 종교적 동물(homo religious), 금기와 위반을 원리로 갖는 에로티시즘의 동물(homo eroticus)을 인간이라고 명명한다. 따라서 homo eroticus라 하여 에로스를 성적 사랑에만 초점을 맞추는 것은 에로스의 의미를 축소시킨 편협한 이해이다. 그리스 신화에 나오는 에로스는 결핍된 지식을 고양시키고자 하는 열정과 욕구로 환원되는 사랑의 신인 동시에 애지자(愛智者)이다. 그래서 모든 존재의 결핍을 해소하

로마 시대 〈야누스 상〉 바티칸 박물관

고자 하는 인간 영혼의 내적이고 자발적인 활동성이 바로 에로스인 것이다. 또한 '에로스'와 '타나토스'는 에로티시즘의 작은 죽음으로 가는 '영매작용'이며 불연속적인 존재들에게 연속성을 증폭시키는 동력을 제공하는 매개체이다.

조르주 바타유는 '에로티시즘, 그것은 죽음까지 파고드는 삶'이라고 말한다. 에로티시즘은 공포의 금기를 눌러 이기고 싶은 욕망이다. 역설적이게도 기쁨에 몰입하기 위해 금기를 지키지만 그러나 금기를 위반하는 순간을 더욱 가치롭게 여기고 그 순간을 소중히 간직하는 것 역시 인간이 가진 이중성 중의 하나*라고 주장한다.

그는 『에로티즘의 역사』를 쓸 당시의 심리 상태에 대해 "마치 의사가

---

* 그리스 신화에서 야누스(Ianus, Janus)는 문(gates)과 대문(doors), 문간(doorways), 처음과 끝(beginnings and endings)의 신이다. 이중성의 상징인 야누스(Janus)를 가장 잘 드러내는 것은 1월(January)이다. 일 년의 끝과 시작을 이어 주는 1월을 고대 로마에서는 야누리우스(Ianuarius)라고 지칭했으며 그로부터 두 얼굴의 사나이 즉 야누스의 어원은 유래되었으며, 브라질의 리오데자네이루(Rio de Janeiro)는 1월의 강이라는 의미이다. 마찬가지로 모리스 필립스 감독의 〈지킬 박사와 하이드〉(2002) 역시 인간의 이중성에 초점을 맞춘 걸작이다. 다중 인격장애나 심인성 기억상실증은 해리로 인한 대표적인 정신질환이며, 몽유병이나 『지킬 박사와 하이드씨』 같은 경우는 '해리장애 dissociative disorders'의 좋은 예이다.

프란시스 고야 〈이성이 잠들면 괴물이 나타난다〉 판화1797~1798

어떤 질병을 전체적으로 묘사하듯이 에로티즘의 체험을 전체적으로 묘사하려는 의도로 이 책을 쓰기 시작할 무렵 나는 정신적 몸살을 피할 수 없었다. 라고 고백한다. 인간의 숨겨진 욕망의 근원인 에로티시즘, 금기와 위반의 주제인 에로티시즘은 바타유가 평생 매달린 강박 주제로서 에로스와 타나토스의 결정판이다. 그는 프로이트가 『토템과 타부』에서 얘기한 타부의 양가감정, 즉 금지된 것이 두렵지만 때론 이를 위반하고 싶은 인간의 욕망도 이야기한다. 문화인류학의 개념에는 섹스가 물리적 행위일 뿐만 아니라 문화적 행위이기도 하다. 이런 기본 전제하에서 심정의 에로티시즘이건, 육체의 에로티시즘, 신성의 에로티시즘이건 모두 폭력적이며 파괴적인 금기의 위반이라고 이해한다. 이때 폭력과 위반은 인간 존재가 천형처럼 짊어진 불연속성(유한성)을 넘어서 연속성(무한성)을 얻으려는 열망의 갈구이다. 그 한 예는 사랑하는 연인 사이에서 잘 드러난다. 사랑하는 사람은 자신과 타인 사이에 가로놓여 있는 존재의 심연을 뛰어넘는 오감 만족의 섹스를 통해 상대 속에서 자신의 연속성을 발견하며 환호한다. 이것은 일상의 삶을 지배하는 불연속적인 질서를 파괴하고 대상과 합일하고자 하는 첫 물에 대한 열망이기 때문이다.

요즘은 어디에서나 에로티시즘만큼 좋은 술안주를 본 적이 없다. 오래된 오감적 습관은 잘라 먹고, 베어 먹고, 씹어 먹고, 빨아 먹고, 핥아 먹어도 어찌 그리 바닥이 나지 않는지……. 자신의 몸속에 억눌러 왔던 인간의 욕망이 이렇게 거나하게 서로의 무의식적 충동에 몰두하기 시작하면서부터 대화는 물꼬를 타고 술술 자정을 넘어간다. 그러니 감각의 시선을 숨기지 말고 당신의 욕망을 맘껏 욕망해도 괜찮아.

앵그르의 천상수인 〈샘〉처럼 존재의 기원을 흘리고 있는 아름다운 그대여, 그대 또한 시인과 음악가, 화가 같은 예술가에게 영감의 소재가 되고, 이런 무의식적 충동을 격정적으로 풀무질해 대어 세기의 작품을 남기고 예술가들과 함께 사라질 것이다. 그러나 박물관에 고이 모신 아름다운 예술품은 시대를 초월하여 사람들의 심금을 울린다. 고야는 46

살 때 세비야 여행 도중 이름을 알 수 없는 중병에 걸려 귀머거리가 되는 역경에도 불구하고 1798년 카롤루스 4세의 궁정화가가 되었다. 〈옷 입은 마하〉, 〈나체의 마야〉는 18세기 말 고야의 상징적 그림이다. 고야만큼 인간의 내재되어 있는 이중성, 다시 말해 이성과 폭력, 문명과 야만을 이토록 생생하게 형상화시킨 그림은 드물 것이다. 너무도 낯선 두 세계가 한 사람 안에서 쌍둥이처럼 공존하고 있다는 것을 당대 최고의 '몸짱'을 통해 보여 주고 있다.

당시 사회에 신성모독 논란을 일으키고, 종교재판에 회부되었던 그림이 나란히 전시되는 행운을 얻기까지는 100년이 지나서였다. 회화의 영역뿐 아니라 공예 장식에서도 여성의 나체가 허용되지 않던 스페인의 암흑 통치 시대의 깊은 강물 위에 현실 속의 여성 나체를 그림으로써 자신의 반봉건주의 사상을 드러낸 것이다. 스페인의 거장 고야는 당시 엄격하게 금지되어 온 여성의 초상화 〈옷 입은 마하〉를 관능적인 자태와 도도한 이미지로, 누드화 〈나체의 마야〉는 대담하고 도발적인 이미지로 그려 보수적인 가톨릭 사회에 커다란 충격을 주었다.

크로노미터의 시간*에서 나유타 불가사의 무량대수(無量大數)*에 이르는 시간까지 함께 버무려진 저 세기의 작품들을 보라. 옷 입은 여신은 펄떡펄떡 뛰는 당신의 누드를 보고 싶은 생각으로 두 볼을 붉히고, 반대로 삶을 벗어던진 옷 벗은 누드는 당신의 분장된 모습 속에 감춰진 알몸을 기다리고 있는 중이다. 이것은 강한 대비를 이루는 현실의 욕망과 갈등의 욕구를 암시한다.

사실 이 두 작품의 모델은 고야의 뮤즈였으며 정부였던 알바 공작부인이다. 두 사람의 관계를 의심한 알바 공작이 화실에 온다는 전갈을

---

* 섬세한 시간을 나타내는 용어로 바다에서 경도를 측정할 때 이용되는 매우 정확한 시계 장치.
* 인간이 헤아릴 수 없는 무한대의 수.

받고 누드로 그린 그림의 얼굴을 하녀 얼굴로 바꿨다는 설과, 두 번째는 새롭게 부랴부랴 옷 입은 초상을 그려 결국 두 점의 작품이 만들어졌다는 것이 이 연작을 둘러싸고 오랫동안 전해져 오는 비화이다. 왕의 정부라는 큰 세력을 갖고 있던 귀부인과 재능은 있지만 고집스럽고 미천한 도금공 출신의 궁정화가가 세인들의 시선을 피해 밀애를 나누면서 이 같은 작품이 탄생되었다니 살로 소통한 그들이 내내 부럽기만 하다.

오늘도 사람들은 이 〈나체의 마하〉를 보기 위해 스페인 마드리드에 있는 '프라도 미술관'까지 기꺼이 비행기를 탄다.

프란시스코 고야 〈옷 입은 마하〉 1800년경, 스페인 프라도 미술관

프란시스코 고야 〈나체의 마하〉 1800년경, 스페인 프라도 미술관

현대 예술사에서 가장 에로틱한 초상화 중 하나로 꼽히는 두 작품을 보면 모델의 얼굴은 물론 포즈에서 배경, 캔버스의 크기까지 완전히 일치한다. 관람객들의 내면을 응시하는 눈빛이 놀라울 만큼 사실적이다. 그래서일까? 이 그림을 수평으로 가늠해 보면 마치 반으로 이등분한 한 점을 향해 화살촉 같은 시선이 따라가게 되는데 그녀의 성기가 정확하게 그림의 중앙에 위치하는 이 작품을 향해 수많은 이미지들을 소비하는 현대인들은 외설이란 단어는 쓰지 않는다. 그리고 〈옷 입은 마하〉에는 〈나체의 마하〉의 골반을 받치고 있는 초록색 쿠션이 빠져 있다. 쿠션은 그림에 구체적인 깊이감을 더해 진주빛 감도는 누드를 더욱 빛나게 한다. 양쪽 비단신을 서로 비비면 바스락바스락 소리가 나고, 두 발가락을 비비면 온몸에 전율이 이는 세밀한 터치는 마치 3D 입체영화를 보는 것 같은 착각에 빠지게 만든다.

다양한 색채와 친밀한 톤으로 여성성을 강조한 〈옷 입은 마하〉는 관람객을 뒤로 밀어내고, 관람객을 잡아당기는 쪽은 오히려 〈나체의 마하〉지만 그 어느 한쪽만 존재했다면 과연 에로티시즘의 감각적 호기심을 지적 만족감으로 승화시킬 수 있었을까? 에로티시즘의 이중성 아이콘으로 고야를 과연 지목할 수 있었을까? 그렇다면 고야가 이중성을 통해 극복하려 했던 것은 무엇일까?

그렇다. 시대에 따라 '아름다움'에 대한 기준은 변해 왔지만 '에로티시즘'이 에로스의 바깥에 에로스의 세계를 낳는 저 풍만을 보라. 에로스의 바람 속으로 동경을 불러 모으는 저 호쾌를 보라. 마치 본능처럼 인류를 사로잡아 온 황홀! 마치 예술이 우리를 영원성에 이르게 하고, 죽음에 이르게 하고 그리고 염록을 물고 날아간 새의 죽음을 통하여 연속성에 도달케 하는 것처럼 에로티시즘 역시 오늘도 오색 풍선을 매달고 영원을 향해 달린다.

라몬 카사스 이 카르보 〈무도회 이후〉 1895

누드로 책 읽는 여인들

아침 이슬 맺힌 장미꽃들에게 웃음 짓는 것처럼
오! 어린 연인들은 저마다 꽃을 갖고 있구나
꽃들은 부드럽고 넓게 떨리며 잎을 여닫고
재스민과 보랏빛 협죽도 안에서만
흰 날개들의 눈부신 펄럭임으로 오가는데
오 봄이여, 우리들이
달뜬 남자들로부터 생각에 잠긴 여인들에게로 가는
그 종이 위의 고백들, 호박단 위에 펜으로 쓴 사랑과 황홀,
열광의 메시지들, 사월에 받고 오월이면 찢어 버릴
(……)
저 작고 예쁘고 흰 조각들이여

—빅토르 위고, 「나비가 된 편지」 부분

움베르토 에코가 『소크라테스 스트립쇼를 보다』에서 "스트립쇼는 형이상학적으로는 구경꾼들로 하여금 자신이 마음껏 누릴 수 있는 쾌락

과 전혀 맛보거나 손댈 수 없는 쾌락을 비교하도록 만든다."고 말한 것처럼 당신은 자신의 현실과 이상 속에서 안고 있는 여자의 나체와 상상 속의 여자의 나체를, 자신의 섹스와 꿈속의 섹스를 비교하며 누드의 부드러운 숨소리를 타고 아주 먼 곳까지 흘러갔다 오곤 한다.

화가들은 왜 책 읽는 여자들을 그렸을까? 책 읽는 여성들을 보며 무슨 생각을 했을까? 외로운 날엔 살을 만지듯 책 속에서 누구도 발견하지 못한 색(色)을 쟁취하고 들끓는 화산의 붉은 용암 언저리를 서성거리듯 성감대가 움찔거릴까? 궁금해지는 이 상상 역시 누드의 내륙을 다 돌아다녀 본 수컷들의 몫이었겠지.

현대인의 소외감처럼 자신만의 세계로 들어가 주변을 차단시키는 효과를 보여 주는 밀레 윌리암스 메티스의 〈파란 소파〉는 '책을 읽는다'라는 안락한 행위의 의미 속에 관능의 누드라는 상반된 이미지가

밀레 윌리암스 메티스 〈파란 소파〉 파스텔 드로잉, 년도 미상

묘하게 얽히는 페티시(fetish)의 일회성 긴장감을 유발한다. 중세 남성주의자들은 여자들이 책 읽기에 너무 몰두하면 현실감각을 잃게 되고, 몸이 허약해지며, 생식기에 치명적 상처를 내고, 정신병자가 된다고 엄포 아닌 엄포로 여자들을 구속했다. 한술 더 떠 빈둥빈둥 책만 읽는 여자는 아예 창녀로까지 취급하는 사회 분위기였다. 책 읽는 여자가 화가들의 그토록 중요한 모티브였다는 것은 사회적으로 금기시하는 주제라는 것을 증명한다.

그러던 명화들이 대중문화 속에서 속속 재현되고 있다. 모델하우스 벽면에 고흐가, TV 광고에 앙리 마티스가 부활하고, 우산, 드레스, 티셔츠, 필통, 열쇠고리, 실내 인테리어를 거쳐 거리의 광고판, 담뱃갑 무늬, 드디어 브래지어, 팬티에까지 대담하게 등장한다.

> 사랑하는 사람을 달래 보내고
> 돌아서 돌계단을 오르는 스님 눈가에
> 설운 눈물방울 쓸쓸히 피는 것을
> 종탑 뒤에 몰래 숨어 보고야 말았습니다
> 아무도 없는 법당문 하나만 열어 놓고
> 기도하는 소리가 빗물에 우는 듯 들렸습니다
> 목탁 소리만 저 홀로 바닥을 뒹굴다
> 끊어질 듯 이어지곤 하였습니다
> (……)
>
> —박규리, 「치자꽃 설화」 부분

'저 홀로 바닥을 뒹구'는 목탁이 안쓰러워서, 스님을 만나러 왔다가 눈물지으며 돌아간 여인이 너무나 안쓰러워서, 르누아르의 〈책 읽는 여인〉은 의자에서 차츰차츰 움츠렸던 허리를 펴는 것이다. 이별이라는 표정 하나를 배우기 위해 뒷등을 기댈 수 없는 아주 작은 의자에 앉아 있는 젊은 여성이 있다. 자세를 바꾸다 보니 붉은색 스커트 밑으로 왼쪽 다리가 간신히 의자에 걸쳐 있어 불편하다. 블라우스가 어깨에서 미끄러져 내려온 것도 모르고, 커튼 밖으로 천둥 소나기가 지나가는 줄도 모르고,

오귀스트 르누아르 〈책 읽는 여인〉 1900

퍽퍽 터지는 꽃봉오리 같은 눈물을 쏟으며 눈 속에 아직 살아 있는 몇천 년의 갠지스를 손등으로 훔친다. 이별이 물을 건너가는 것이 아니라 물속으로 이별이 건너간다.

 이렇게 여성들은 교육이 철저히 배제된 시대에 사회적 역할에서 얻을 수 없었던 '사적 공간'인 전이—투사—동일시—함몰을 책에서 찾으면서 자신의 정체성이란 개념을 건져 올린다.

 프랑스 화가 루셀이 〈책 읽는 처녀〉를 1887년에 런던에서 전시했을 때 잡지 『스펙테이터』에 비평가는 아름다운 주제를 함부로 묘사했다며 '뻔뻔스러운 자'라는 혹평의 기사를 내보냈다. 스캔들로 화려해진 에두아르 마네의 〈올랭피아〉(1865)에서 영감을 받은 화가는 그를 능가하려 새로운 오리엔탈의 오브제인 기모노를 선택했다. 당시 유럽을 휩쓸

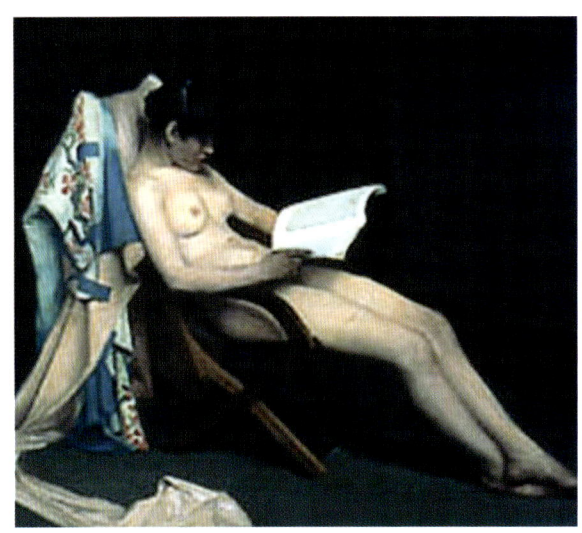
테오도르 루셀 〈책 읽는 처녀〉 1886, 런던 테이트 미술관

었던 자포니즘의 영향이다.

여자는 침대에 계속 누워 책 읽는 것이 지루했는지 잠시 일어나 방 안을 한 바퀴 돌며 기지개를 켰을 것이다. 그러다 따뜻한 커피 한잔으로 잠을 쫓은 후 편하게 의자에 앉아 속도의 광기를 모두 탈거한 침실에서 천천히 독서에 몰두한다. 자신의 성기 위에 책을 올려놓고 그 순간만은 여자라는 옷을 의자에 벗어던지고 낯 뜨거워진 욕망의 뚜껑을 딴다. 남의 시선쯤은 상관없다. 제 몸의 이역(異域)에 빠진 감각의 즐거움은 도피라 해도 상관없다.

제임스 티솟의 〈책 읽는 여자〉는 인도의 성애서인 『카마수트라』에서 '섹스 잘하는 법'을 읽으며 한여름의 숲처럼 타오르는 표정이다. 화려한 패션 모자가 잘 어울리는 소녀의 붉은 입술은 새콤달콤하게 요염하고, 살짝 지은 미소가 음~ 그렇군! 그렇게 하면 된다 이거지?

고대에 여자가 책을 한 권 소유한다는 것은 아주 특별한 사치였다. 오직 수작업으로 만든 책은 소수의 사람들에게만 허용되는 권한이었다. 그래서 여자가 책을 읽는다는 것은 '천성'을 거스르는 일이었다. 그런 연유로 과거 문학소녀들에게는 즐겨 읽는 책의 장르와 장소가 일치된다는 것은 공통분모로 여겼다. 혼자 있는 '사적 공간'인 밀실에서 읽는 장르는 대부분 선정적인 연애소설이기 쉽고, 공원 잔디밭용 장르는 남의 눈에 띄어도 좋을 철학 서적들이 대부분이었다. 책은 개인의 취향을 드러낸다. 그렇기 때문에 그 시대에 선정적인 연애 잡지를 들고 공원에 앉아 있는 것은 자살행위와 다를 바 없었던 것이다.

제임스 티솟 〈책 읽는 여자〉 1880, 개인 소장

예술 작품을 보고 매혹당해 그 자리에서 쓰러지는 '스탕달 신드롬(Stendhal Syndrome)'이 있다. 누구나, 사람에게 혹은 사물에게 마음이 끌려 병을 앓을 때가 있다. 미술 작품과 생기는 상사병으로 호흡곤란, 현기증, 전신마비에 우울증까지 오는 증세가 바로 스탕달 신드롬이다. 〈베아트리체 첸치〉는 이 말의 유래가 된 작품이다. 요하네스 베르메르의 〈진주 귀걸이를 한 소녀〉가 연상되는 이 그림에는 성폭행으로부터 벗어나고 싶었던 소

엘리자베타 시라니 〈베아트리체 첸치〉 1662, 로마 국립고대 미술관

녀의 안타까운 사연이 있다. 16세기 이탈리아에 실존했던 방탕한 귀족 프란체스코 첸치의 딸인 베아트리체 첸치(1577~1599)는 너무 아름다웠다. 그녀는 14세 때부터 아버지에게 겁탈당하자 아버지에게 복수할 날만 기다렸다. 그녀를 불쌍히 여긴 어머니와 오빠의 도움으로 어느 날 밤 아편으로 아버지를 잠재워서 죽인 후 무성한 나무숲에 버린다. 그러나 곧 체포되었고 교황 클레멘스 8세는 처형을 명했다. 처형 당일 로마의 산 탄젤로교 앞의 광장에 단두대가 설치되고 절세의 미녀를 한 번이라도 보려고 전 이탈리아의 구경꾼이 모여들었다. 처형 장면을 보고 있던 엘리자베타 시라니는 단두대에 오르기 직전의 베아트리체 첸치를 그렸다.

『적과 흑』의 작가 스탕달은 이 그림을 보고 심장이 뛰고 무릎에 힘이 빠지는 이상한 경험을 하였다. 그 순간 "생명이 빠져나가는 것 같았고 걷는 동안 그대로 쓰러질 것 같았다."고 술회했다. 우리 뇌는 황홀한 것을 보았을 때 전두엽 일부—보상체계—가 너무 활성화되어 그런 현상이 발생한다. 따라서 황홀한 것을 보는 행위는 나에게 주는 보상이며 창의의 원천이 되는 감정인 반면 추한 것을 보았을 때는 좌뇌가 활성화되어 피하거나 도망치고 싶은 방어기제로 나타난다. 어찌 되었든 스탕달은 한눈에 반한 그 느낌으로 『첸치 일가족』이란 글을 남겼고, 영국 시인 셸리는 로마의 콜로나 궁에 소장되어 있던 그림 〈베아트리체 첸치〉를 보고 깊은 감동을 받아 스탕달 작품과 동명의 희곡을 발표하기에 이르렀다.

새로운 문화를 만나 번쩍~번쩍~ 스파크를 일으키는 강렬한 충돌만큼 카타르시스를 느끼게 하는 것은 없다. 미지의 예술 작품과 만나고 미지의 문화를 체험하는 책 속의 공간이야말로 적은 돈으로 살 수 있는, 최대의 행복이기 때문이다.

장 자크 에네르의 〈책 읽는 여자〉는 편안하다. 원초적인 몸에 풀어 내린 긴 머리칼에는 인간의 영혼에 다가가기 위한 하늘과 바람과 꽃과 새들의 노랫소리가 들어 있다. 무명의 별에 구름 방석을 깔고 엎드린 것처럼 안단테 콘 모토(Andante con moto, 느리게 그러나 활기차게)로 이야기에

장 자크 에네르 〈책 읽는 여자〉 1880

몰입한다. 작가를 따라나선 경험의 빛깔과 황홀한 무늬가 책 읽는 여자에게 새로운 시간을 직조해 준다. 거칠 것 없는 침실이란 이유 하나로 공간은 에로틱해진다. 은밀한 관음을 보장해 주는 저 여인이 바로 그 섬뜩한 팜므파탈? 자신의 야경을 다 보여 주려는 듯 알몸으로 책을 넘기는 적막한 열망의 비의가 시선을 멈추게 한다.

내 소중한 사람, 난 당신을 만나는 것이 두려워요. 나는 강한 사람이지만 당신을 만날만큼 충분히 강하진 않아요. 내 팔로 당신을 감싸 안을 수 있을까요? 당신과 함께 살 수 없다면 차라리 난 혼자 살겠어요. 당신과 헤어져 있는 동안 내 건강이 많이 회복될 거라고는 생각하지 않아요. 이 모든 이유로 난 당신을 만나기가 싫습니다. 눈부신 햇살을 견딜 수 없어 다시 어두움으로 되돌아옵니다. 어제 당신을 만났다면 불행했겠지만 지금은 그만큼 불행하지 않아요. 당신과 함께하며 행복할 수는 없는 건가요? 내 행운의 별보다 더 운 좋은 별, 그런 것은 없겠지만 그런 별을 찾는 것보다 더 어렵군요.

―존 키츠의 러브레터, 『빛나는 별』 중에서

존 화이트 알렉산더 〈휴식〉 1895

 존 화이트 알렉산더의 〈휴식〉 속 모델은 노벨문학상을 수상한 독일 작가 엘리아스 카네티의 『현혹』 48쪽을 보고 있나 보다. "그날 밤, 한 남자가 꽁꽁 묶인 채 사원 마당에 서 있었다. 그 남자는 오른쪽 왼 쪽에서 이빨을 드러내며 자기를 무섭게 위협하는 두 마리의 재규어에게 대항하고 있었다. 등골이 오싹했다. 하늘의 별들은 주머니에 숨겨 버린 뒤라 새까맣게 좁아졌다. 죄수의 눈에서 구슬 같은 눈물이 흘러 바닥에 부딪치며 수천 개의 물방울이 되어 사방으로 튀었다. 그때 우연히 구경꾼의 시선이 재규어의 발에 닿았다. 그것은 인간의 발이었다. 멕시코 신부의 순교 장면을 공연하는 것이다. 신부들이 재규어로 분장했지만 나는 금방 그들을 식별할 수 있었다. 그때 재규어가 죄인의 가슴을 돌도끼로 날카롭게 찍는다. 순간 눈을 감고 피가 하늘까지 솟구쳤을 거라고 생각하고 중세의 야만성을 비난한다. 피가 다 흘렀을 거라는 생각이 들 때까지 기다렸다가 눈을 뜬다. 놀라운 일이 벌어진다. 활짝 열린 가슴에서 책이 한 권 나온다. 이어서 두 번째 책이, 세 번째 책이, 수없이 많은 책들이 쏟아진다." 정말 그럴 수 있을까? 그럼 내 가슴을 빠개면 몇 권의 책들이 쏟아질까? 아, 의문의 분량을 알고 싶어진다.

피에테르 얀센 엘링가의 〈책 읽는 여인〉은 자신을 옭아매는 주황색 신발을 제멋대로 벗어던진 채 독서에 푹 빠진 하녀다. 이때 관객 쪽으로 등을 돌리고 있는 것은 세상에 등을 돌린 도피의 심리적 상징이다. 신의 말이라면 저렇게 뒤돌아 앉아 읽지는 않을 것이다. 어깨 너머로 펼쳐진 책을 쳐다보도록 한 시선은 신분과 체제에 결핍을 느낀 하녀만이 선택할 수 있는 신탁인 것이다. 당

피에테르 얀센 엘링가 〈책 읽는 여인〉 1668, 뮌헨 알테 피나쿠테크

시에 인기를 모았던 기사 소설을 읽나 보다. 유명한 명마를 얻고, 놀랍고도 진귀한 모험을 겪는 기사 말레스기의 드라마틱한 이야기에 푹 빠져 있는 것이다. 과일 쟁반쯤은 나중에 설거지한들 어떠랴. 주인에 대한 순종이 필요없는 이 꿀맛 같은 시간만큼은 그 누구도 그녀를 하녀로

존 화이트 알렉산더 〈휴식〉 1895

보지 않는다. 현실과 꿈속을 오가는 인간적 자유함 만이 그녀를 인간이게 하는 시간이기 때문이다.

　사람은 사랑한 만큼 산다
　저 향기로운 꽃들을 사랑한 만큼 산다
　저 아름다운 목소리의 새들을 사랑한 만큼 산다

숲을 온통 싱그러움으로 만드는 나무들을 사랑한 만큼 산다
(……)
이글거리는 붉은 태양을 사랑한 만큼 산다
외로움에 젖은 낮달을 사랑한 만큼 산다
밤하늘의 별들을 사랑한 만큼 산다
(……)
그만큼이 인생이다

―박용재, 「사람은 사랑한 만큼 산다」 부분

델핀 엔졸라스의 〈편지〉를 보고 있으면 오페라 가수 마리아 칼라스가 생각난다. 투명한 장밋빛 피부와 흘러내릴 듯 피부에 가까스로 기대어 있는 실크 구두, 실크 드레스의 긴 여운. 공연 도중 막간을 이용해 잠시 들어왔다가 꽃다발 속에 묻혀 있던 오나시스의 선물을 보고 감동으로 읽는 편지, 뭐 이런 공식 말이다.

"마드모아젤!
어제 저녁에는 달이 하도 밝아서 바다에 나가
달을 바라보며 당신을 생각했소
마드모아젤!
당신을 안았던 두 팔이 키를 돌리며 비명을 지르오
힘만 들뿐 생의 희열은 안개처럼 희미하오
황홀했던 당신 생각으로
밤새도록 잠을 이루지 못했다오
당신이 정말 보고 싶소
내 생명의 에너지요, 엑스터시인 당신!"

"내가 생각하는 예술의 두 가지 속성은 설명할 수 없어야 한다는 것과 모방할 수 없어야 한다는 것이다. 예술 작품이라면 그 자체로 보는 사람을 압도해야 하며 어디론가 이끌 수 있어야 한다."고 주장한 르누아르. 그도 다른 화가들처럼 책 읽는 여자를 어여쁘게 그렸다. 무릇 그림은 예쁘고 아름다운 것이어야 하며, 사람들의 마음을 움직여야 한다고 생각한 듯하다.

그렇다면 왜 화가들은 책 읽는 여자에게 그토록 매달렸을까? '책은 꿈꾸는 걸 도와주는 진짜 선생님이라서?'(G.바슐라르) 아니면, "하루라도 책을 읽지 않으면 가시가 돋칠까 봐?"(안중근) 그렇잖으면 "사람은 책을 만들고 책은 사람을 만들기 때문에?"(신용호) 다아 지당한 말씀들이다. 그러나 "책은 장소를 가리지 않는다."라는 퇴계의 말 또한 맞는 말씀이다.

조지 클라우센 〈등불 옆에서의 독서〉 부분 1909

하루 일과를 다 마치고 차분히 앉아 〈등불 옆에서의 독서〉야말로 그대 영혼이 내게 건너오는 내연(內緣)의 시간이다. 이렇게 책 속에 자신을 던지는 시간이야말로 자기가 기르는 짐승의 주인이 되는 시간이다. 책상 위에 꽂혀 있는 라일락꽃은 자신의 젖은 몸을 활처럼 휘면서 내 코끝에 보랏빛 향의 겸손을 남기는 데 문밖에 누가

왔는지도 모르고 넋을 잃고 독서의 밀밀(密密)함에 빠져 있는 저 아가씨!

  그는 나의 북쪽이며, 나의 남쪽, 나의 동쪽과 서쪽이었고
  나의 노동의 나날이었고 내 휴식의 일요일이었고
  나의 정오, 나의 한밤중, 나의 언어, 나의 노래였습니다
  (……)

　　　　　　　　　　—W.H.오든 「슬픈 장례식」 부분

셰익스피어의 4대 비극이 여전히 사랑받는 이유는? 그 속에 그대와 나의 삶이 녹아 있기 때문이 아닐까? 존 에버렛 밀레이(1829~1896)의 그림 〈오필리아〉는 〈햄릿〉의 한 장면을 묘사한 것으로 가장 많이 알려진 작품이다.

아더 휴즈 〈완벽한 낚시꾼〉 1884

눈에 보일 듯 말 듯한 작은 들꽃 한 송이를 손에 쥐고 책을 읽느라 자신을 잃어버린 이 아가씨에게 "그 아름답고 순결한 몸에서 제비꽃을 피워다오~!"(오필리아 장례식에서 오빠가 한 말)라고 오필리아의 오빠 레어티즈가 말하는 것 같다. 그래서일까, 나는 아더 휴즈의 〈완벽한 낚시꾼〉을 볼 때마다 오필리아가 떠오르고 오른손에서 놓지 못하고 있는 제비꽃의 향기로움에 취하게 된다. 한가로이 호수가에서 뽑은 저 꽃은 무슨 꽃일까? 오후 한 귀퉁이가 허전하고 쓸쓸할 때마다 거미가 줄을 치듯 손에 쥔 꽃의 꽃말이 궁금하고, 펼쳐 놓은 책에서 건지는 잉어 같은 인생이

궁금하고, 쉼 없이 물에 밀려 내려가는 모래의 목소리들이 궁금하고.

사랑은—생명 이전이고
죽음—이후이며
천지창조의 근원이고
지구의 해석자—

―에밀리 디킨슨, 「사랑은 생명 이전이야」 전문

장 밥티스트 카미유 코로 〈책 읽는 막달라 마리아〉 19세기경, 루브르 박물관

들꽃 무성히 피어 있는 정오의 언덕이다. 〈책 읽는 막달라 마리아〉는 창녀 시절의 죄를 울면서 회개하고 비로소 신앙의 길로 들어가는 중이다. 수행 중에는 경건해야 하거늘 마리아는 그래도 옷 무게가 무거웠던 것이다. 다 벗고 싶었는데 참아서 그나마 치마는 입고 있는 중일까? 다 벗어 버리고 싶은 속마음을 미행하는 것은 생애 최초의 리듬인 자신의 맥박이다. 유적지를 남기지 않는 하늬바람은 스스로 살아남아서 머리칼처럼 떠돌고 있는데. 그때였다. 누군가 저편 언덕 노을에 물든 머리칼을 펼치며 자신의 꿈속으로 날아간다. 타인의 눈 속을 헤매던 마리아가 차츰 자신의 눈길을 찾는다.

인상주의자들이 그 이전의 화가들과 근본적으로 구분되는 점은 이런 야외 스케치를 '완성품'으로 간주했다는 점이다. 뒤늦게 장 밥티스트 카미유 코로의 〈책 읽는 막달라 마리아〉에서 이러한 자세가 발견됨으로서 관대하게도 미술사에서는 그를 인상주의의 원형으로 포함시켰다.

그대여,
무엇보다도 멋진 일은
그대와 나
늘 손에 손을 잡고 거닐고 있다는 것
타인들이 알지 못하는 세계 속을
(……)

—칼릴지브란, 「그대여 무엇보다도 기쁜 일은」 부분

아돌프 알렉산더 레스렐 〈매혹되다〉 1875

누드로 책 읽는 여인들 33

고로 〈책 읽는 소녀〉 1869, 개인 소장

남프랑스에 잠시 머무는 동안 조용한 시골에서 고로의 〈책 읽는 소녀〉 같은 소녀를 만났다. 니스가 투명한 햇살과 세상에 없는 바다로 나를 유혹했다면 그라스는 재스민과 라벤더, 장미로 웅성거렸다. 이 모든 웅성거림을 뒤로하고 고즈넉한 뒷길을 걷는다. 마침 들꽃 핀 언덕을 막 오르고 있던 중이었다. 프로방스 지방에서 볼 수 있는 언덕과는 다른 느낌의 언덕 풍경에 혼을 빼앗기고 있었다. 알베르 카뮈가 『결혼・여름』에서 자신의 고향 알제리의 여름에 대해 "시작과 종말을 우리에게 보여 주는 것은 다름 아닌 이 고장의 여름이다. 저녁이 되면 기름 먹인 식탁보와 석유등이 고작인 그들, 제가 먹여 키우는 인간에게 저의 찬란함과 남루함을 동시에 제공하는 이곳은 얼마나 기이한 고장인가!"라고 말한 의미를 뤼베롱 지방을 관통하는 초입에 자리 잡은 작은 마을 로르마랭에 와서야 느낄 수 있었다. 그건 순전히 미리 장소를 정하고 수레국화, 미나리아재비를 거느리고 누워 버린 알베르 카뮈 덕분이었다. 그러나 한 가지 이상한 것을 발견했다. 『이방인』에서 햇빛 때문에 사람을 죽였던 그가 눈부신 햇살과 동거를 한다는 것 말이다.

꼬끼오~ 한가한 수탉 울음소리만이 실존의 영광을 찬양하는 정오다. 어찌 되었든 과거와 연대책임을 맡고 있는 고즈넉한 이런 분위기는 정말 마음에 든다.

'귀부인'이란 페르소나를 벗은 무도회의 긴장된 엑스터시가 막간의 휴식을 즐기고 있다. 고상을 유지하던 권위를 벗어던진다. 우리들의 초라한 비극에 비하면 화려한 휴식이지만 권위로 똘똘 뭉친 남편과 함께 온 무도회는 의도된 책임감으로 피로하기만 하다. 〈무도회 이후〉의 포즈는 짜증이 격해진 모습이지만 시집을 손에 든

라몬 카사스 이 카르보 〈무도회 이후〉 1895

것으로 보아 '무드셀라 증후군' 이 아닐까. 과거는 아름답고, 언젠간 돌아가야 하는 마음의 고향으로 추억하는 현상이 무드셀라 증후군이다. 첫사랑이나 옛 연인과의 기억들은 시간이 갈수록 아픈 기억은 지워 버리고 좋은 것만 기억되어 그리운 것으로 남는다. 오늘도 핸드백에 넣어 가지고 다니는 애인이 보내준 작은 시집을 꺼내어 읽는다. 이래야만 금지된 것(하람, halam)과 허락된 것(할랄, halal) 사이에서 불만족을 잊어버리고 편히 숨을 쉴 수 있기 때문이다. 자주 읽어서 해진 은밀한 시집과 달리 푸른색으로 싱싱하게 부풀어 오른 간이침대는 그녀의 외로움을 어루만져 주는 게 아니라 푸른 공간으로부터 밀어내려고 작정한 것 같다. 잠시나마 마음껏 널브러져 쉬고 있는 여인의 높은 머리 스타일이 눈에 띈다. 마리 앙투아네트(1755~1793) 시절의 하늘 높은 줄 모르고 올라가던 복고 머리 스타일을 본받은 것이 아닐까. 그러나 그녀의 얼굴은 쓸쓸하기만 하다. 삶의 후원자이며 뮤즈였던 애인이 변심이라도?

내 그대를 생각함은 항상 그대가 앉아 있는
배경에서 해가 지고 바람이 부는 일처럼
사소한 일일 것이나 언젠가 그대가 한없이

괴로움 속을 헤매일 때에 오랫동안 전해 오던
그 사소함으로 그대를 불러 보리라

진실로 진실로 내가 그대를 사랑하는 까닭은
내 나의 사랑을 한없이 잇닿은 그 기다림으로 바꾸어 버린 데 있었다
밤이 들면서 골짜기엔 눈이 퍼붓기 시작했다
내 사랑도 어디쯤에선 반드시 그칠 것을 믿는다
다만 그때 내 기다림의 자세를 생각하는 것 뿐이다
그동안에 눈이 그치고 꽃이 피어나고 낙엽이 떨어지고
또 눈이 퍼붓고 할 것을 믿는다

—황동규,「즐거운 편지」

책을 읽는다는 것은 자기 자신을 읽는 현장이다. 그녀들의 손에 책이 있다는 사실만으로 우수의 사각지대에는 순정한 물방울 소리가 흐르고 몇 겹의 바람은 그늘을 데리고 달아난다. 이런 심리 현상은 사회 통념 그대로 만족 지연 능력으로 연결되기 때문이다. 갈등하는 삶에 충실했던 그녀들이 책을 벗함으로서 욕망을 욕구하고, 쾌락에 피 흘리며, 비의의 세상인 로쿠스 아뫼누스(Locus amoenus, 성적 관능의 이상향)에 자신을 온통 맡길 수도 있기 때문이다.

〈편지〉를 읽고 있다. 하나의 편지를 펼치고 두 여인이 함께 읽고 있다. 물론 등을 보이고 있는 한 사람은 편지를 읽는 여인이

제임스 캐럴 베크위드 〈편지〉 1910

조지 엘가 힉스 〈저녁〉 1864

지만 또 한 사람은 그 여인 속에 숨어 있는 여인의 자아이다. 여인의 눈은 편지지 위의 글자를 따라가느라 당신이 뒤에서 보고 있는 줄은 상상도 못한다. 다만 창가에서 들어오는 희미한 빛으로 편지를 읽는 것으로 보아 매우 슬픈 편지임에 틀림없다. 거울 속 내려뜬 눈가에 수심이 자란다.

가을이다. 아무래도 낙엽 위에 편지를 써야 할까 보다. 이 가을에는 누구라도 그대가 되어 받아 주는 편지를 들고 당신이 환하게 환대해 주던 공원을 찾을 일이다. 그 무한의 기억 곁에서 다시 길을 잃고 싶다.

뱃고동 소리에 놀라 책을 덮고 시선을 바다에 풀어 놓는다. 내 안에서 누군가 멀리 떠나는가 보다. 가슴 한쪽이 무너져 내린다. 김경주 시인의 말처럼 나는 이 세상에 없는 계절인가.

오귀스트 르누아르 〈잠자는 욕객(浴客)〉 1897, 암뢰머홈츠 미술관

유방, 그 생명의 치어리더

달걀보다 더 하얀 유방이여
새 비단 같은 하얀 유방이여
장미보다 더 아름다운 유방이여
겨룰 데 없는 유방이여
단단한 유두는 상아로 만든 구슬
그 가운데 오똑 솟은 유두는
달콤한 딸기 달콤한 앵두이어라

—클레망 마로, 「유방찬가」

프랑스의 유방 숭배는 클레망 마로(1496~1544)의 유명한 시 〈아름다운 유방, Blason ju Beau Tin〉을 시작으로 15세기에 절정을 이루었다. 클레망 마로는 르네상스 시대 프랑스의 대표적인 시인으로 유명하다. 1530년대부터 프랑스에서는 인체를 찬양하거나 풍자하는 블라종(blason)이라는 형식의 시가 크게 유행했다. 마로의 이 시는 처음으로 여인의 육체를 한 섬세하고 아름답게 표현한 블라종으로서 큰 성공을 거둔 작

귀스타브 쿠르베 〈파도와 여인〉 1868, 뉴욕 메트로폴리탄 미술관

품이다. 빛나는 직관, 개인적인 관점, 리듬을 타는 매끄러운 문체로 여성을 찬양하는 감각적 만족감이 특징이다. 그는 궁정시인으로서 롱도, 발라드, 경구, 서간시에도 뛰어났다.

쿠르베의 〈파도 속 여인〉이 온몸에 물방울을 뚝뚝 흘리며 당신을 찾아가는 아침. 당신은 다시 돋는 푸른 별처럼 매일 그녀를 들락거릴 것이다.

그 당시에는 본능·습관·제의가 하나의 기능으로 집결되었다. 그러나 인간 사회의 기능이 분화됨에 따라 몸은 속악하고 정신은 고귀한 쪽으로 갈라졌고 현대에 들어와서는 자본주의의 상품과 권력이 되었다. 도덕을 넘어선 소크라테스의 다이몬(Daimon), 칸트의 정언명령(定言命令), 공자의 천명(天命)과 같은 위대한 성취도 행동하는 몸이 없었다면 과연 이루어 낼 수 있었을까?

이렇듯 인간의 역사에서 알몸은 동물적 외설과 신성한 아름다움의 접점으로서 뜨거운 욕망의 대상이 되어 왔을 뿐만 아니라 창조와 파괴를 동시에 자행해 왔다.

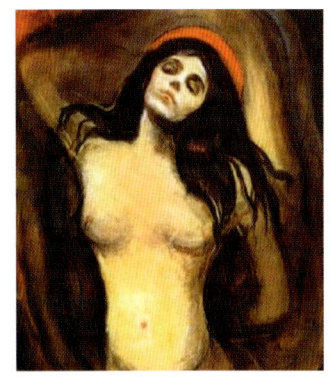
에드바르 뭉크 〈마돈나〉 1893, 오슬로 내셔널 갤러리

유방을 강조한 고대 〈그리스 여자〉 토우

아몬드 꽃이 만개한 2월
지중해는 현실보다 푸르고 깊었다

하늘에선 별들이 짝을 짓고
석양으로 가는 크루즈 선상에는
야니의 '음반 속의 봄' 공연이 한창이다
나는 샌들을 벗고 무대로 올라가
온몸을 쓰다듬듯 비비는 흰개미처럼
젊은 무동과 흰 종아리를 부볐다
목덜미로 흐르는 따뜻한 땀방울

〈뱀을 든 여신상〉 기원전 1600년경, 크레테 문명의 대지모 헬라클리온 고고학 박물관

혀를 내밀어 그 영혼을 마셨다

마술에 걸린 듯 차갑고 달콤한 동질감이

액체로 된 야생의 기억에

간통의 희열을 붓자

코브라의 마차는 호박으로 변하였다

구두 없이는 신의 동굴 그 끝까지 갈 수 없었다

하룻밤을 지샌 성자의 마을

다시, 거기 가서 마음씨 좋은 신을 만나

세월 흘러 아이 생기면 그 아이와

더불어 물고기를 낚으리라

─윤향기, 「수니온의 하룻밤」

    제우스의 탄생지 크레타 섬에 내렸다. 미로의 원형이 된 크노소스 궁전을 보고, 『그리스인 조르바』를 집필한 카잔차키스의 무덤을 찾아 묘비명을 읽는다. "나는 아무것도 원치 않는다. 나는 아무것도 두려워하지 않는다. 나는 자유!" 『북회귀선』으로 유명한 소설가 헨리밀러가 "그리스에 가면 누구나 하늘에서 헤엄치고 싶은 마음이 생긴다."라고 한 말이 정말 실감난다. 눈 시린 쪽빛 하늘과 바다가 하나 되는 지중해의 숭고함에 휘트니 휴스턴처럼 탄성을 내지르고 말았다.

    근사한 분위기로 차의 풍미를 더하는 크레타 섬의 찻집 클로리스! 플로라에서 생명의 치어리더로 변신한 클로리스를 만났다. 그녀의 이야기를 들으며 커피를 한 모금 마시고, 하늘보다 깊은 지중해를 바라보다가 커피를 한 모금 마신다. 갓 내린 커피가 내가 읽고 있는 책 메릴린 옐롬의 『유방의 역사』에 대해 일관된 질문 하나를 던진다. 아이 깜짝이야~. 커피는 어느새 크노소스 궁전 벽을 장식했던 가슴을 드러내 놓은 여신으로 바뀌어 있다. 이라클리온 박물관에는 귀중한 유물이 즐비한데 그중 대표적인 것이 풍만한 가슴을 드러낸 채 양손에 뱀을 든 '뱀의 여신상'이다. 풍작과 다산 의식이 담겨 있는 조각품이다. 크레타 섬에서는 뱀의 상징이 두드러지는데 뱀은 그리스 신화에서 신의 사자로 대변되는 지혜로움의 상징이다. 특히 땅에서 꿈틀대는 뱀은 대지의 생명력, 즉 풍작을 상징한다.

터키 지모신 〈아르테미스〉

우주는 죽음의 카니발로 순환된다. 식물은 초식동물에게 먹히고, 초식동물은 육식동물에 먹히고……. 자궁은 그대가 죽어서 다시 들어가야 할 성소이고 유방은 모든 생명들을 양육시키는 치어리더다. 그녀가 쥔 열쇠다.

다시 발길을 돌려 터키 에베소 고고학 박물관에 가면 24개의 풍요로운 유방이 온몸을 뒤덮고 있는 〈아데미 여신상〉을 만났다. 또한 인체의 부분들을 과장과 생략을 통해 추상적으로 왜곡한 환조인 2만 5천 년 된 〈빌렌도르프의 비너스〉나, 2만 7천 년 전 〈레스푸그 비너스〉,

우표 〈Libya 1921 sc#23 Diana of Ephesus〉

3만 5천 년 전 〈슈바벤 비너스〉 역시 큰 유방과 성기를 당당하게 흔들어 보이는 게 흥미롭다. 이러한 여신의 고도비만은 다산과 풍요를 기원하는 바람이 유감주술로 상징화된 것이다. 여신이 우리를 사로잡는다면, 그것은 여신에게 유방과 자궁이 있기 때문이 아닐까? 자궁은

유방, 그 생명의 치어리더 43

인류가 죽어서 다시 들어가야 할 성소이고 유방은 모든 생명들을 양육시키는 열쇠이므로.

부모도 고향도 없는 그녀는
톡톡 젖꼭지만 두드려 주면
헤프게 치마를 걷어 올렸다
나이와는 상관없이
그녀의 집 앞엔 언제나
손님으로 북적거렸다

누구와 살을 섞어도
매번 극에 달하는 황홀한 비명
그 가물거림을 듣고 있으면
오랜 애무가 필요 없었다
그저 암호 같은 젖꼭지만 누르면
후회 없이 화알짝 열어 보이는 음부
그녀의 깊은 생식기에선
늘 푸른 돈 냄새가 진동했다

—윤향기, 「현금자동인출기」

오관을 뒤흔드는 신비한 포즈! 명화 〈가브리엘과 그 자매〉는 누구의 시선이라도 단박에 뺏을 만큼 진기하다. 앙리 4세의 정부였던 오른쪽 여인이 아이를 낳고, 무엇인가를 암시하는 젖꼭지 만지는 손짓과 반지를 들고 있는 모습, 뒤에 유모가 아가를 안고 있는 것 등등. 이야기를 유추해 볼 수 있는 디테일이 재미난 그림이다. 하지만 생동감이라고는

작자 미상 〈가브리엘 데스트레와 그 자매〉 1594~1596, 루브르 박물관

전혀 없는, 관능의 굴곡이라고는 찾아볼 수 없는 백묵처럼 하얀 두 여인, 두 여인은 과연 누구의 누구였을까? 16세기 프랑스는 신·구교 간의 위그노 전쟁으로 온 국토가 피바다였다. 이 난세에 왕위에 오른 앙리 4세는 다섯 번이나 종교를 바꾸면서까지 여왕 마고와 이혼하고 데스트레와 결혼하려 하자 유럽 대륙이 들썩였다. 이미 가브리엘은 앙리 4세의 아이를 셋이나 낳은 데다 임신한 상태였다. 앙리 4세의 정부였던 그녀는 앙리와의 결혼식을 일주일 앞둔 1599년, 갑자기 사망했다. 그녀가 왼손에 위태롭게 들고 있는 반지는 바로 그것을 의미하는 것이다.

오래 소식을 띄우지 못한 이 그림은 로마의 철학자 막시무스의 『페로의 헌신적인 사랑』에 나오는 이야기가 소재다. 그렇다면 왼쪽 여인은 누구일까? 이 여인은 그녀가 죽은 지 두 달 만에 앙리가 다시 사랑에 빠진 무용수 당트라그다. 두 여인의 손을 유심히 보라. 그림의 핵심은 '손'에 있다. 가브리엘의 가슴을 만진 손도, 반지를 들고 있는 가브리

유방, 그 생명의 치어리더 45

엘의 손도 왼손이다. 앙리는 오른손으로는 제국의 운명을, 왼손으로는 지킬 수 없는 헛된 결혼 약속을 하는 데 썼다.

그러나 나는 이 그림을 처음 보는 순간부터 자기감정에 충실한 레즈비언들로 보았다. 누구의 시선이라도 단박에 뺏을 만큼 오관을 뒤흔드는 동성애를 그린 진기한 이 작품에 대해 페미니스트들이 "레즈비어니즘만이 가부장적 억압에 대항할 수 있다. 그 이유란 레즈비언만이 이성애적으로 고착된 성의 관계를 거부할 수 있기 때문이다."라고 말한다. 볼프람 플라이쉬하이어가 이 그림을 바탕으로 집필한 예술 추리소설 『퍼플라인』은 역사 속에서 건져 낸 퍼즐 조각으로 비밀을 맞춰 나간다.

인도 삽화 〈목욕 후〉 16세기경

레오 톨스토이는 『세 가지 질문』에서 "세상에서 가장 중요한 때는 바로 지금 이 순간이고, 가장 중요한 사람은 지금 함께 있는 사람, 가장 중요한 일은 지금 내 곁에 있는 사람을 위해 좋은 일을 하는 것"이라고 말한다.

카톡! 이 열린다. 이 세상에 있는 귀중한 세 가지의 금은? "황금, 소금, 지금!"(웃음)

이 말을 들은 남편이 아내에게 문자를 보냈다. 그러자 아내에게서 바로 답장이 왔다. "현재, 지금, 입금!" 이

문자를 본 남편이 허걱~ 다시 문자를 보냈다. "방금, 쬐금, 입금."(웃음)

지금 이 순간의 행복을 소홀히 해서는 절대 행복해질 수 없다. 현재(present)라는 영어 단어가 '선물'이란 뜻으로도 쓰이는 이유는 아마 그 속에 담겨 있는 행복의 현재 양이 과거나 미래의 것보다 크기 때문일 것이다. 전설이 전설을 만날 때, 행복이 행복을 만날 때, 행복의 꽃은 바로 지금, 여기에 피어나고 있는 것이다.

<blockquote>
깊이 숨겨 놨던 유방
우리의 어머니가 이를 통해
지혜와 사랑을 넣어 주셨듯이
세상의 아이들을 키운 비옥한 대자연의 구릉
다행히 내게도 두 개나 있어 좋았지만
오랜 동안 진정 나의 소유가 아니었다
(……)
</blockquote>

―문정희, 「유방」 부분

보라색이 누워 있다. 생명을 자라게 하는 아기 음식으로, 남성들에게는 섹스의 환희로움으로, 현대 자본주의 사회에서는 돈을 벌어들이는 권력이 되어 버린 여성의 유방. 그러나 어느 한순간도 여성

앙리 마티스 〈푸른 누드〉 1907

만의 것으로 소유되지 못했던 것이 사실이다. 그래서 이 책에서는 여성의 가슴에 대한 소유와 인식의 변천사를 명화와 명시를 통해 흥미롭게 끌고 가려고 한다. 자신이 누구의 것인지도 모르고 살아온 유방에게 '여성의 유방은 당연히 여성의 것이어야 한다'고 역설하면서.

> 숲속의 샘물을 들여다본다
> 물속에 하늘이 있고
> 흰 구름이 떠가고 바람이 지나가고
> 조그마한 샘물은 바다같이 넓어진다
> 나는 조그마한 샘물을 들여다보며
> 동그란 지구의 섬 위에 앉았다
>
> ─김달진,「샘물」

'샘물'의 상징성은 부정을 금기시하는 저항으로서의 물, 끈질긴 생명력으로서의 우주적인 물, 근원적 세계인 카오스로 돌아오는 원초적 회귀점으로의 외친밀성(uncanniness)인 '물'이다. 물은 정화수로서 세상의 모든 때 묻은 말의 심리를 본래의 청정한 모습으로 돌려 놓는다. 이렇게 해방된 말들은 말이 실현시키고자 했던 기존의 의미뿐만 아니라 모든 구속으로부터 자유로운 말, 기표와 기의 상관성까지도 초월한 우로보르스의 '물'을 추구한다. 한 번도 묶여진 적 없는 '물'로서의 여성, 대상화시킨 여성의 몸으로서의 크라인의 항아리의 물을 숭배한다. 물은 과거이며 현재이고, 현재이며 미래를 끊임없이 순환하는 우주로서의 칼리그람이다. 따라서 '물'은 순환하며 서로를 통과하는 순간 완전한 무(nothing)의 시간이 되기도 하고 다시 무한(infinity)의 시간이 되기도 하며 삼키고(내면) 배설(외면)하고 다시 삼켜 재생된다.

르누아르 〈샘〉 1910, 기후 현립 미술관 일본

삶과 죽음의 순환에서 해방된 오귀스트 르누아르의 〈샘〉 속의 정결한 물은 당신의 복원된 트라우마 재현체로서 저 머나먼 근원인 우주를 지향하는 자아 분화의 아나크로니즘적 애착 모델이다. 따라서 '물'은 현실과 허상이 겹쳐지는 이중적 서기처럼 이질적인 것들이 아니라 서로가 서로를 비추며 외연을 확장하는 재생으로서의 우주다.

서사적 기억을 관통하는 주제 중에 하나가 여성성으로서의 '물'이다. 비너스가 바다에서 태어나는 것을 보아도 알 것이다. 순환 메커니즘으로써의 여성의 몸에는 늘 순환하지만 같은 도형을 그리지 않는 프랙탈 구조라는 수로가 있어 서로가 서로에게 시발점인 동시에 종착점이 된다. 때로는 시원의 '물'로 환원되어 생명의 산실이 되기도 하고, 때로는 타나토스의 거처가 되기도 한다. 이렇게 안과 밖의 구분이 없는 성수야말로 현재와 과거, 미래로 영원히 순환하는 우로보루스=뫼비우스의 띠=크라인의 항아리와 동일한 구조로서 여신, 모성성, 여성성의 재현으로써 여성적 가치의 빛나는 궁극에까지 도달한다. 따라서 여성들의 아름다운 '유방'이란 신탁의 비밀이 백색 우유로 흘러내리는 최초의 위대한 여신인 가이아의 창조처이며 당신의 탄생처, 즉 여성이 파과를 겪지 않은 원초적 순환의 우주적 상징처가 되는 것이다.

만약에 만약에 말인데 여성에게 유방이 없다면 인류의 역사는 어떻게 변모되었을까? 진화 단서에 대해 외과의사이며 인류학자인 레너드 쉴레인은 대학 때 남녀가 적혈구 수에서 차이가 나는 이유에 의문을 품었다. 우리의 먼 과거 어머니의 어머니들이 어떻게 시간을 발견해 냈는지를 살펴보는 『자연의 선택, 지나 사피엔스』를 보면 'Sex, Time &Power'라는 책의 원제인 이 세 단어가 눈길을 확 사로잡는다. 아마 당신은 으잉~? 하면서 금세 실눈을 뜨고 웃음을 실실 흘리거나 그러면 그렇지, 사정하지 않고 길게 끄는 사내가 권력을 잡는 것이지 하며 정답을 마친 것처럼 우쭐할 남자가 많겠다. 하지만 그건 오해다.

호모 사피엔스(Homo Sapiens)의 '호모(Homo)'가 남성을 뜻하듯이 책 제목 '지나 사피엔스'의 '지나(Gyna)'는 유전자(Gene)의 여성성으로 만든 조어로 여성을 뜻한다. 생명 유지를 위해 필수불가결한 것이 산소다. 산소를 실어 나르기 위해서는 철분이 필수적이다. 여성은 임신 기간 중 어떤 동물보다 많은 철분을 빼앗긴다. 게다가 피 냄새는 포식동물의 표적이 될 수 있어 위험천만한 생리현상이었다. 그렇게 긴 세월 동안 다량의 철분을 잃게 된 고조할머니-증조할머니-할머니-어머니-당신-그리고 당신 딸들은 현명하게도 달의 주기에 맞춰 29.5일마다 다량의 피를 흘린 덕분에 시간의 차원을 발견한 것이다. 여성은 이렇게 시간의 단위를 발견했고, 남성에게 이 관념을 주입했다.

조르주 라콩브 조각 〈이시스(Isis)〉는 이집트의 풍요로운 다산의 상징

조르주 라콩브 〈이시스〉 1895

인 대모신이다. '바다의 별', '지혜의 의자', '하늘의 여왕' 인 이시스에 대해 신전에는 다음과 같은 경구로 기록되어 있다. "나는 지금 존재하는 동시에 과거에도 존재했고, 또한 앞으로도 존재할 모든 것이니, 그 어떤 인간도 나의 베일을 들어 올리지 못했다."

사랑의 여신 이시스는 고대 이집트 신화 속 여신으로 그리스, 로마에서도 숭배된 최고의 여신이다. 이집트의 왕비, 호루스의 어머니신으로 비옥한 땅을 통제하여 백성들을 풍요롭게 해 주는 능력을 지녔으며 암소의 뿔과 달 모양의 머리 장식을 썼다. 암소는 젖을 상징하고 달은 보이지 않는 정신을 상징하는데, 이것은 모든 생물들을 양육하는 능력을 나타낸다. 이시스(Isis)라는 이름은 '왕좌'를 뜻하는데 이집트의 상형문자를 그리스어로 바꾼 것이다.

마파람 소소히 부는 아침

개미 일가가 느릿느릿 이동한다
무지개 수면을 박차고 힘껏 뛰어오르는 물고기
제비는 낮게 그러나 날쌔게 난다
뭉클뭉클 양떼구름 높이 떠가는 유리창 밖 저쪽
지붕 위로 먼 산이 앞섶을 헤쳐 보이며
풀썩 주저앉는다

새끼 밴 염소가 양떼구름의 목덜미를 베고 누워 있는
열사흘 낮달 처녀 젖무리에
꽃그늘을 풀어 놓는 황사
다 비운 막사발 굽 둘레로 해무리를 지으며

갓 돋는 해

검은 등짝이 수상한
이상한 오후

─윤향기, 「관천망기觀天望氣」

고갱의 〈타이티의 두 여인〉은 아름다운 붉은 꽃 쟁반에 한번도 사용한 적 없는 어여쁜 유방을 올려놓았다. 둥글게 웃음 짓는 젖무리가 명랑하다. 필러를 맞거나 확대 수술을 받지 않은 오리지널 유방 그대로다. 고갱이 우울할 적마다 가까이 다가가 뽀뽀를 했을 순수한 유방이다.

'자유롭게 두 손을 얻은 남성이 수렵에 능해지고, 그래서 자연을

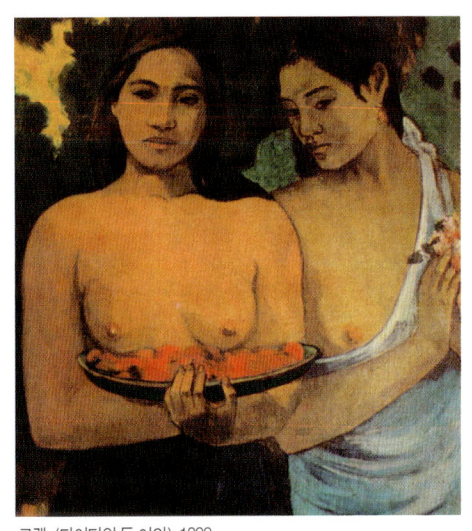

고갱 〈타이티의 두 여인〉 1899

정복할 수 있었다.' 고 믿었던 타이티의 부족 여인들은 남성의 눈에 띄기 위해 다이어트로 몸매를 다듬고 성형수술로 외모를 가꾸지 않았다. 그러나 요즘은 어떤가. 모든 매스미디어마다 몸을 상품화하여 돈을 벌고 권력을 챙긴다. 여성들은 남성에게 간택되기 위해 S자 쭉쭉빵빵으로 키우고 그것도 모자라 수입의 대부분을 성형수술에 쏟아붓는다. 그러나 여성들만의 문제가 아니다. 외모를 가꾸는 남성 또한 여성에게 선택되기 위해 넓은 어깨를 위해 근육강화제를 수시로 복용하고 그것도 모자라 성형수술로 식스 복근을 만들어 정보사회에서 사냥할 수 있다

는 능력을 몸소 보여 준다.

 난 거장 귀스타브 모로의 "누구나 자신의 지혜만큼 행복하고 자신의 우둔함만큼 불행하다."는 말에 깊이 공감한다. 곰과 호랑이를 파악할 줄도, 늑대와 여우를 구별할 줄도, 양과 토끼를 구분할 줄도 몰랐던 젊은 날. 그들이 만들어 놓은 규범에 얽매여 일백 여덟 가지의 번뇌 속에서 노하고 슬퍼하며 스트레스를 엄청 받았다. 그러다가 서서히 중년이 지나면서 알게 되었다. 내 마음의 평화를 깨뜨리는 것은 외부의 손님이 아니라 바로 내 속에 살고 계신 손님 때문이라는 것을. 그리하여 이제사 고요하고 평화로운 삶에 손님을 정중히 초대해 놓고 내가 손님이 되어 내 마음을 온전히 쏟을 줄 알게 되었다.

 오귀스트 르누아르가 그린 〈잠자는 욕객〉의 평화로움을 보니 지난해 하동 평사리에 둥지를 틀고 사는 친구네 집을 찾은 일이 생각난다. 겨울방학을 이용하여 모처럼 그리운 얼굴을 만났다. 밤새 눈이 내렸고 묵은 이야기들은 끊어질 새 없이 이어졌다. 어느새 뿌옇게 동이 터 오고 있었다. 눈 붙일 사이도 없이 일어나 보리빵을 굽고 커피를 내려 모처럼 여유롭게 아침 식사를 하였다. 참새 소리와 뒤섞인 대밭의 교향악을 들으며 이른 길을 나섰다. 하얀 설국을 처음 밟아 보겠다는 의도가 다분히 깔린 아침 산책은 그러나 동네 목욕탕으로 직진하기에 이르렀다. 목욕료 3,000원! 조각타일이 붙은 작고 오래된 목욕탕! 그런데 그곳에는 본 적 없는 이상한 기계 하나가 나의 호기심을 자극했다. 어~ 뭘까? 여인들은 저마다 다가가 연인에게 살을 비비듯이 자신의 알몸을 거리낌 없이 그 기계에 맡기는 것이었다. 한참을 기다렸다가 나도 다가갔다. 반갑게 내 알몸을 빙빙 돌며 마사지해 준다. 아니다. 등의 때

오귀스트 르누아르 〈잠자는 욕객(浴客)〉 1897, 암뢰머홈츠 미술관

를 밀어 주는 기계다. 등밀이가 꽁짜인 것이다. 서울에서 본 적도 들어 본 적도 없는 신기한 경험을 하고 나오면서 "아~ 너무너무 행복하다." 라고 말했더니 친구가 "무엇이 그리 행복하니?"라며 이상하게 쳐다본다. "아니 그럼 넌 행복하지 않니? 세상에 3,000원 갖고 이런 행복감을 어디 가서 살 수 있겠어?"

유방, 그 생명의 치어리더 55

지오반니 바티스타 모로니 〈베스타의 무녀 투치아〉 1555, 런던 내셔널 갤러리

어젯밤 꿈에 지오반니 바티스타 모로니의 〈베스타의 무녀 투치아〉 그림을 보았다. 그런데 오늘 아침 거짓말처럼 서울로 출장 왔다가 가는 길에 잠시 들르겠다는 동생의 전화를 받았다. 조각품이나 그림에서 유방을 보면 먼 곳의 형제자매의 소식을 듣게 되거나 헤어져 있던 형제자매를 만나게 되는 좋은 꿈이다. 꿈속에서 당신의 유방이 여러 개가 달려 있는 꿈은 쌍둥이를 의미하는 태몽으로 미래에 자식을 많이 두게 될 거

라고 그림 속 무녀는 예언한다. 무녀 투치아는 말한다. 당신이 만약 어젯밤에 당신의 유방을 거칠게 애무한 꿈을 꾸었다면 조만간 가까운 사람과 싸울 일이 생길 것이며, 당신의 유방이 노출된 꿈은 누군가의 부끄러운 일, 수치스러운 일을 보게 된다는 암시다. 무방비로 내놓고 있는 타인의 유방을 곁에서 뭔가로 가려 주는 꿈은 가까운 사람의 허물을 덮어 줘야 할 일이 생긴다는 암시로서 보호해 줘야 할 역할을 해야 하는 막중한 예시라고 말한다. 유방에서 젖이 나와 옷이 젖는 꿈은 좋은 상징으로서 풍요로움을 뜻한다. 기혼 여성이면 임신할 징조이고, 미혼 여성이면 조만간에 좋은 사람이 생기고, 보통 사람들은 재물이 넉넉해져서 삶이 풍족해지는 것을 의미한다.

해몽을 통하여 앞일을 점치는 사례는 삼국시대부터 있어 왔다. 권근의 『용재총화』 권6을 보면 '옛날 유생 세 사람이 과거를 보러 가다가 주막에서 각기 꿈을 꾸었다. 첫째는 거울을 땅에 떨어뜨렸고, 두 번째는 액을 막으려고 문 위에 걸어 둔 쑥을 보았으며, 셋째는 바람이 불자 꽃이 떨어지는 꿈을 꾸었다. 세 사람은 물어물어 점몽자(占夢者)에게 갔으나 마침 집에 없고 그 아들이 있었다. 그들의 꿈 이야기를 들은 아들은 세 가지 모두 상서롭지 못한 물건이므로 소원을 이루기가 힘들 것이라 하여 모두 실망하여 일어서던 차에 마침 점몽자가 돌아와 그 아들을 꾸짖고 시를 지어 꿈을 풀이해 주었다.

"쑥이라는 것은 사람이 처다보는 것이요, 거울이 떨어지니 어찌 소리가 없을 손가, 꽃이 떨어지면 응당 열매가 있으리니, 삼인은 모두 이름을 이룰 것이다.(艾夫人所望, 鏡落豈無聲, 花落應有實 三好共成名)"고 한 말대로 세 사람은 과거에 붙었다.

피에르 오귀스트 르누아르 〈아이에게 젖을 먹이는 어머니〉 1886, 플로리다 세인트피터즈버그 미술관

　르누아르의 〈아이에게 젖을 먹이는 어머니〉에서는 아기 젖 먹는 소리가 마른 논에 물 들어가는 소리처럼 들린다. 우리 조상들이 가장 듣기 좋아했던 소리 중의 하나다. 모성이 강조되던 시대에는 여성의 풍만한 유방이 각광을 받았지만 여성의 사회 진출이 많아질수록 유방은 작아졌다.

장 부록 〈히아킨토스의 죽음〉 1801

동성애 수업 중

장 루이 제로메 〈소크라테스와 알키비아테스〉 년도 미상

이성애(Heterosexuality)에서 '나와 너'는 남과 여다. 동성애(Homosexuality)에서 '나와 너'는 '남과 남' '여와 여'로 바뀐다. 다만 모든 의미 구성의 기

본인 '너'의 존재를 인정할 때 '나'가 성립되는 관계는 동일하다. "참된 삶은 만남으로부터이다."라는 명제에 도달한 독일 종교철학자 마르티 부버는 책 『나와 너』에서 이상적인 만남을 위하여는 '나'가 '너(du)'를 인격체로 볼 때 관계의 세계가 시작된다고 말한다.

동성애의 역사는 인류 역사와 함께해 왔다. 고대 그리스에서는 육체적인 이성 간의 사랑을 천박한 생식 수단으로만 여긴 대신 미소년과의 사랑을 이상화하였다. 플라톤은 플라토닉 러브, 즉 이성 간의 정신적인 사랑이 아닌 스승과 제자로 남자들 사이에서 일어나는 정신적인 사랑을 전파했다.

이를테면 소크라테스는 미소년 알키비아테스를 좋아했다. 그는 소년에게 진실을 가르쳐 주었고 항상 자신을 낮추어 그를 대했다. 소년 또한 그의 그런 덕목에 감탄하여 둘은 서로 존경하고 사랑하게 되었다. 그러던 어느 날 알키비아테스가 나타나지 않자 그의 숙소로 찾아갔는데, 소년은 침상에서 여인들과 섹스를 즐기고 있었다. 소년은 내키지 않는 눈빛으로 소크라테스의 손에 이끌려 나오고 있는 장면을 묘사한 작품이다. 소크라테스와의 사랑이 아무리 고매할지라도 동년배의 싱그러움과는 분명 달랐을 터이다. 이것으로 소크라테스는 정체성과 자기 인식을 찾는 모든 동성애자들에게 철학적 지주를 자청했던 셈이다. 또한 서정시인의 원조가 된 사포는 여성에 대한 사랑의 시를 남겨 '레즈비언'이란 단어를 탄생시켰다. 이것 역시 내가 직접 보진 못했어도 남근 사회의 기록 문화가 남긴 잘못된 흔적임이 분명하다.

중세에는 종교적·정치적·도덕적 이유로 반사회적으로 간주되던 동성애가 1973년에 미국정신의학협회(APA)의 질병 목록에서 삭제되면서 제3의 성으로 등장한다. 현대 동성애 역사는 19세기에 들어와서야

사포 〈폼페이 벽화〉 기원전 7~6세기

성의 정체성에 관심을 가진 과학자들이 늘어나면서 학문적 연구의 지평도 많이 넓어졌다.

중세 이후 종교적인 이유로 노골적인 동성 간의 사랑을 그릴 수 없었던 화가들은 신화를 빌려서 동성애를 표현하기 시작했다. 2000년 이후 감정 정체에 갇혔던 우리나라의 홍석천, 하리수 같은 연예인들은 스스로 동성애자, 트랜스젠더임을 선언하고 활발한 활동을 하고 있다. 그 여파로 이준익 감독의 〈왕의 남자〉(2005)로 스타가 된 이준기 같은 꽃미남들이 인기몰이를 하는 세상이 되었다. 이제는 광고와 영화, 음악, 미술, 패션, 만화 등 모든 장르의 핵심적인 키워드로 떠오른 '동성애 코드'를 알지 못하고서는 현대 예술을 이해한다고 말할 수 없게 되었다.

그렇다면 동성애가 이렇게 떠오르게 된 문화심리학적 이유는 무엇일까. 취향의 문제가 아니라 DNA의 영향이 아니라 사회 문화심리의 발현 때문이 아닐까. '이성'이라는 울타리가 변형되고 해체된 새로운 시대에 존재 확인 방식으로 동성애가 나타난 것은 사회주의가 사라지고 몸을 최고 상품의 가치로 상품화해 온 자본주의 상품 전략이 성공한 다음부터이다. 오늘날 자본주의의 성공 전략에서 에로티시즘과 섹슈얼리티라는 키워드를 제외하면 할 말이 별로 없다. 이성 간의 사랑에 비해 그 끝을 모르게 왜곡되어 왔던 동성애가 변두리를 박차고 이성애와 동등한 입장에서 중앙으로 등극한 것이다. 시간은 우리를 바보로 만들기도 하고 현명한 이로 만들기도 하는 전송장치이다. 그 시간을 우리에게 전송해 준 수많은 과거로 기억되는 명화가 없다면 현재는 결코 고전으로 승화하지 못했을 것이다. 인생을 바꿔 놓은 명화, 보고 또 보아도 보고 싶은 행복한 명화가 있는 반면 결코 다시는 보고 싶지 않은 명화도 있다. 어느 쪽으로 자신을 투사시킬 것인가는 전적으로 관객의 취향이다.

  장 부록의 그림 〈히아킨토스의 죽음〉은 안이 어두워져서 밖의 사랑을 숨기지 못해 일어난 결과였다. 한마디로 동성애를 죽음 밖으로 흘러보내는 그림이다. 태양의 신 아폴론은 스파르타의 왕자인 아름다운 미소년 히아킨토스를 사랑했다. 아폴론은 이 미소년을 너무 사랑해 사냥할 때나 운동할 때나 소풍 갈 때 어디든지 데리고 다녔다. 히아킨토스라는 미소년은 운동과 전쟁에도 뛰어난 실력을 가지고 있었다. 태양의 신 아폴론과 서풍의 신 제피로스가 동시에 그를 사랑했다. 어느 날 이 두 사람은 원반던지기를 했다. 이때 히아킨토스를 짝사랑하던 서풍의 신 제피로스가 두 사람을 질투해 바람의 방향을 바꾸어 아폴론이 던진 원반이 히아킨토스의 얼굴에 정확하게 꽂히게 만든다. 너무 놀란 아폴론이 쓰러진 히아킨토스를 안고 울부짖을 때 그의 붉은 피가 떨어진 자리에 눈부신 꽃 한 송이가 피어났다. 이 꽃이 바로 히아신스다. 꽃으로 태어나게 한 아폴론의 사랑이야말로 상대를 수단으로 대하는 물질주의적 만남이 아닌 인격적인 만남이었던 것이다. 지금도 이 꽃만 보면 그 절절했던 사랑에 가슴 한 쪽이 싸아~ 해 온다. 내 뇌 속에 있는 거울 뉴런(mirror neuron)이 작동한다. 너와 나 사이에 장벽을 없애 주는 감정이입 세포가 관상의 대상에게서 동일한 정서를 공감하여 동일한 감동을 유추해 내는 순간이다.

  밤마다 당신은 당신의 우주를 밀고 어디로 가고 있습니까?

"어제 낸 과제는 다 해 왔느냐?"
"네."
"활쏘기와 말 타기도 충실했느냐?"
"그럼요."
"기특한지고, 넌 역시 나의 사랑이다. 자, 나의 키스를 상으로 받거라."

그리스 문화에 등장하는 인상적인 사랑의 원형으로 나이 든 남자와 미소년의 키스가 있다. 스승과 제자 사이의 유혹과 헌신은 보편적인 일로서, 우리가 생각하는 동성애와는 달리 용맹한 전사가 되기 위해 어른의 경험과 덕망을 배우는 멘토(mentor)와 멘티(mentee)의 개념이었다. 그리

작자 미상 〈적회색 큰 잔-남자와 소년〉 고대 그리스 에트루리아 유물 BC 480, 루브르 박물관

스 교육에서 이 자연스러운 일이 전 생애를 통해 이루어지는 것은 아니나 동성애를 숨기거나 사회의 일탈적 행동으로 평가하는 대신 오히려 존경스러워하는 분위기였다. 그렇기 때문에 그리스의 동성애는 신화나 모든 예술에서 미학적 오브제로 군림하였다. 소크라테스 같은 철학자들에게까지 찬미를 받았으며 그 역시 동성애를 천상의 사랑, 용맹스러운 인격, 지혜로운 덕성이라 일러 상호 간에 덕과 지혜를 증진시킨다고 예찬하였다.

그리스 동성애는 각각 이성과 순수라는 인간의 욕망을 대표한다. 따라서 쇼타로 콤플렉스와는 차별을 둔다. 그들은 자신의 아니마를 잘 알고 그것을 자신 안에서 조화시킬 뿐 아니라 남성다움을 과시하거나 권력 놀음을 할 필요가 없었기 때문이다. 그리스인들은 동성애 역시 솔직하게 표현해 내는 대범함을 보여 주었다. 그리스 로마 시대의 유물에는 어린 남자의 시중을 받고 있는 그리스 남자, 남자들끼리 어울려 춤추는 모습이 적나라하게 도자기에 그려져 있어 영원히 그 시절을 회상할 수 있다. 따라서 옛 작품을 통해 당신은 '관점 바꾸기(Perspective-taking)' 즉 상대방의 관점에서 세상을 보는 능력을 키우고 '나와 다름'에 대한 편견도 내려놓을 수 있게 되었다.

우주(Cosmos)에 대한 경탄과 환상이 신화를 만들고 서사를 만들어 낸다. 서사는 명화를 만들고 명화는 신화를 재창조한다. 신화적 상상력이야말로 인간의 존재성과 우주의 초월성을 확인시켜 주는 매개물이다. 현실 세계에서 이해되지 않는 것도 영화나 명화를 통해 서사적 상상력의 신화소에 몰입할 때 현실을 넘어선 즐거움을 경험한다. 이렇게 유용한 성찰을 얻고자 하는 기원에서 만들어진 은유가 서사라고 한다면 이때의 자기(selbst)는 각자의 전체 인격, 즉 자아, 페르소나, 의식, 그림자,

아니마와 아니무스, 콤플렉스, 무의식, 집단 무의식을 이루는 내용인 동시에 자기가 자기일 수 있도록 하는 조건적 원형들이 된다. 이 원형들을 꽃피우게 하는 것 중의 하나가 동성애다.

서사가 없는 그림은 그림이 아니다. 그림이 말하는 주체는 화가이다. 화가와 화가의 생각이 나누는 이야기가 그림이며 화가가 말하고자 하는 알레고리이기 때문이다. 19세기 사실주의 문화구성원리가 녹아들어 있는 쿠르베의 〈잠〉은 벌거벗은 채 드러누워 있는 레즈비언 커플이다. 이 그림을 주문한 사람은 다름 아닌 인류의 출생지인 〈세계의 기원〉을 소유하고 있던 파리 주재 터키의 대사 칼릴 베이였다. 그가 소장하고 있던 앵그르의 〈터키탕〉은 쿠르베가 〈잠〉을 그리기 위해 참고한 그림이었다. 또한 〈터키탕〉을 그릴 때 여든 셋이었던 앵그르가 참고한 것은 터키 주재 영국 대사 부인이 쓴 〈터키탕 견문기〉였다. 어쨌든 엉

귀스타브 쿠르베 〈잠〉 1866, 파리 프티팔레 미술관

킨 채 잠에 빠져 있는 〈잠〉 속에 드러난 흐트러진 머리, 침대 위에 떨어진 장신구는 욕구가 훑고 간 잔해들이다. 쿠르베는 이 그림을 그리면서 신화나 전설을 빌려 오는 대신 모델을 사실적으로 보여 줘야 한다는 신념을 따라 세상의 모든 호기심들을 위해 에로티시즘의 사실주의를 극명하게 그린 것이다.

탁자 위에 고급스러운 물병과 잔·진주 목걸이·화병이나 도발적인 자세는 칼릴 베이의 사치스러운 취향을 반영한 것이다. 이것은 두 연인이 귀족 여성이라는 것을 암시한다. 또한 작품 속 검붉은 머리의 여인은 한때 화가 휘슬러의 정부 조안나 히퍼다. 고급 창녀 같은 관능적인 분위기를 지닌 히퍼와의 사랑을 잊지 못해 쿠르베는 그녀를 모델로 몇 작품을 남겼다. 그렇다. 사랑의 전제조건은 자신이 행위의 주체가 되는 '선택의 자유(freedom of choice)'가 결정짓는다. 퇴폐적 여인에게 미치든, 며칠씩 걸리는 3종 경기에 미치든, 새로움에 대한 호기심이 극대화되어 찾아내는 것이 예술이다. 그러므로 자신의 삶에서 주인을 경험하며 행복을 얻을 때 자기 자신의 게슈탈트(Gestalt)가 바뀌게 되는 건 당연한 결과이다.

누구에게나 감옥은 있다. 마임이나 주술에 걸린 동성애의 감옥이든, 악마성을 표출하는 이성애의 감옥이든 말이다. 새로운 질서를 만들어 내기 시작한 동성애, 호모섹슈얼리티는 성별이 동일한 상대와의 사랑이나 성관계를 말한다. 무지개색 깃발은 동성애자와 동성애 문화를 상징한다. 동성애자와 동성애 문화를 상징하는 레인보우 깃발은 그들의 요구에 의해 화가 길버트 베이커가 1978년 처음 디자인하였다.

예술을 강간한 화가 발튀스는 20세기 몽환적 초현실주의 화가다. 파

발튀스 〈기타 레슨〉 1934

리 화단을 경악하게 만든 〈기타 레슨〉을 발표하면서 노골적인 레즈비언의 에로티시즘 작품, 가장 관능적인 작품이란 평을 듣는다. 화가 자신으로 비유되었다는 소녀의 머리채를 휘어잡은 채 외음부를 기타를 치듯 건드리며 독특한 기법으로 솔직하게 자신의 성적 관심사를 표현한다. 이때 여인의 변태적인 행위에도 불구하고 한 손으로 여인의 유두를 잡고 널브러져 있는 모습은 수치심을 나타내기보다 성적 황홀감에 빠진 모습에 가까워 보인다.

독학으로 배운 그의 그림에 릴케가 감명하여 12세 때 출판한 스케치집에 서문을 써 주기도 하였다. 특히 푸생의 작품 가운데 〈에코와 나르시스〉에서 영감을 얻었으며, 여인이 되기 전의 풋풋한 소녀들의 모습에서 깊은 통찰을 얻어 많이 작품을 남겼다.

발튀스는 그가 14살 때 "난 영원히 아이로 남았으면 좋겠어."라고 친구에게 은밀히 고백했다 한다. 영원히 피터팬으로 남고 싶었던 그의 무의식과 현실로부터 도피하고 싶은 퇴행성 심리가 어린 로리타들에게 집착하게 된 페도필리아(pedophillia)인 것으로 보인다.

〈로마 황제 하이드리아누스와 안티누스의 동성애〉 속의 두 남성은 '나는 누구인가?'라는 명제에 따라다니는 고전적인 패러독스는 이미 상실한 듯 보인다. 아니 오히려 그런 명제 때문에 자신을 소멸해 가며 동성애에 몰입해 들어가는 것은 아닐까. 자신이 자신의 내부에서 육성해 온 감각을 세상과 내가 서로 소통할 수 있는 세계관이라고 말하고 있는지도 모르겠다. 어째 그런 생각이 든다. 세상에서 가장 정의 내리기 힘든 것이 '사랑'이라고.

에둘러 말하지 않는 화가 특유의 단호한 직설법에는 관람객을 매료시키는 요소뿐만이 아니라 자신에 대해 반성적 거리를 두고 바라보는 메타코그니션(meta-cognition) 시선도 작동된다.

보들레르 말을 빌리면 인간의 의식에는 신을 향해 상승하려는 욕망과 하강하는 쾌감의 욕망 즉 여인에 대한 사랑이 있다. 보들레르는 문장에서 "사랑과 성교는 남자를 유혹하기 위해 여자가 생각해 낸 것 중 가장 세련되고 유혹적인 장식"이란 말을 사용했다. 하지만 오브리 비

에드워드 헨리 아빌 〈로마 황제 하이드리아누스와 안티누스의 동성애〉 년도 미상

어즐리의 〈라시스트라타를 위한 데생〉을 보는 한 그들의 주장은 한없이 줄어든다. 상승의 욕망은 신성모독으로, 하강의 쾌감은 동성애로 변모된 이 그림은 이율배반적인 에로티시즘을 그 밑바탕에 깔고 있다. 조르주 바타유는 『에로티즘』에서 성욕과 살해욕, 고통과 쾌락, 사랑과 죽음, 이 지극히 상반된 두 감정의 떼려야 뗄 수 없는 인연에 대한 새로운 각도를 보여 준다.

방황해도 괜찮다. 넘어져도 괜찮다. 동성애자들의 사랑 방식 역시 이성애자들과 다를 게 없다. 남성 역할과 여성 역할이 한 성(性)으로 이루어졌다는 것 뿐 소녀를 좋아하는 남자가 있는 것처럼 소년을 좋아하는 동성애자도 있다.

화폭 전체를 순간의 배경으로 보는 날카로운 분석력으로 호머의 〈여름밤〉은 아름답게 출렁인다. 화가가 깊이 있는 통찰력을 다루는 붓의

윈슬러 호머 〈여름밤〉 1890, 오르세 미술관

방식은 사뭇 진지하다. 오른쪽 사람들은 은빛으로 눈부시게 빛나는 황홀한 모래톱에 앉아 밤바다에 홀린 듯하다. 순간 레즈비언 커플은 살그머니 몸을 일으켜 파도의 음률에 맞춰 감미롭게 춤을 춘다. 그녀의 눈빛은 달빛 속처럼 투명하다. 방금 달을 다녀온 손에서 베토벤의 소나타 14번 〈월광〉이 환생한 듯 파도친다. 〈월광〉 소나타를 모래밭에 남겨둔 채 현란한 파도 소리와 함께 서로를 얼싸 안은 채 푸른 달빛에 싸여 있는 두 여인. 검은 드레스의 여인이 흰 드레스 여인의 또 다른 자아겠지? 아님 흰 드레스 여인이 검은 드레스 여인의 또 다른 계절이겠지? 그렇겠지?

호머는 짙은 푸른색과 파란빛을 띤 녹색, 청회색, 어두운 회색, 거친 붓터치로 표현한 흰색과 노란색을 사용함으로써 어두운 밤, 무한한 미지의 세계를 완벽하게 표현하고 있다. 관람객들을 마치 꿈과 상상의 세계로 초대하는 듯 매혹적이고 시적인 작품이다. 여름밤이 가지고 있는 에로틱한 매력과 동시에 '밤'이라는 시간적 배경이 가진 특징을 아름답게 표현한 호머는 이 작품 하나로 미국 최고의 화가 반열에 오를 수 있었다. 그는 빛을 연구하며 단순하고 직설적인 표현으로 바다를 소재로 많은 작품을 그렸다. 그래서 후학들은 그를 일러 해양화가라 부르기도 한다.

오브리 비어즐리 〈라시스트라타를 위한 데생〉
1896, 개인 소장

디에고 리베라 〈카라와 누드〉 1944

엉덩이 공작소

그대를 영원히 귀히 여길 것이며
아픈 말은 삼키고,
결코 내 사랑을 거두지 않을 것이오
그대 엉덩이에 평생 감탄할 것이며
따뜻함과 재치에 감사하고
그대의 지혜와 웃음에 기뻐하고
요리는 젬병인 그대로 사랑하리라
평생 그대의 좋은 친구가 되고
내 아내가 되라고 콩깍지를 씌워 준
그대가 믿지 않는 신에게 감사하노라

—영화 〈모건 부부〉 중 「폴의 서약」

　세상에 자기 엉덩이를 본 사람은 없다. 거울에 비친 이미지로 엉덩이의 존재감을 확인할 뿐이다. 바라본다는 것은 언제나 보여짐이 있기 때문이다. 그것은 훔쳐봄이며 관음적이다. 그래서 관음증은 남의 눈에

프레드릭 칼 프리스크 〈반사〉 1909

떨지도 모른다는 긴장감의 쾌락에서 출발한다.

여성의 이중적 아름다움에 심취한 열정이 낳은 엉덩이, 영혼을 넓혀주는 핑크빛 엉덩이, 순간의 움직임에 영원을 부여한 엉덩이, 독특한 관능미를 풍기는 걸작들은 당대 여성에 대한 편견을 극복한 에로티시스트들의 페티시(fetish) 작품이다.

아름다움의 가치가 시대에 따라 수시로 변해 왔듯 아름다움도 진화한다. 진화된 아름다움을 평가하는 기준도 얼굴에서 몸매로 옮겨졌다. 유방에 이어 엉덩이가 시대의 아이콘으로 시대 문화에 파장을 일으키며 등장한다. 그래서 S라인을 살리고 그 중심에 엉덩이를 놓는다. 여성의 아름다움을 결정하는 S라인, 그 라인을 유지하려 개발한 코르셋이 성행했던 1840년대에 이미 많은 부작용을 일으키는 필수품이 되었다. 그러나 위 작품은 전혀 코르셋을 사용한 몸 같지가 않다. 금방이라도 장밋빛 물방울을 툭툭 털며 화들짝 피어날 것 같은 싱그러움이 있다.

수치심의 역사이기도 한 아름다운 엉덩이를 통해 얻는 페티시즘의 한 예로 전위예술가 오노요코는 영화 〈4번〉에서 360여 개의 엉덩이에 표정을 담는다. 털 많은 엉덩이, 납작한 엉덩이, 뼈가 앙상한 엉덩이, 살찐 엉덩이를 혐오하고, 탱탱하고 장밋빛으로 눈부신 매혹적인 엉덩이를 즐겨 온 남근들의 시각에 경종을 울리며 남녀 역할을 뒤집는다.

> 그 어떤 사건들보다 가장 나를 흥분케 하는 것은
> '하루'의 탄생이다
> 하루의 탄생을 지켜볼 때마다
> 나는 충만감을 느낀다
> 왜냐하면 하루는 24시간 동안 매 순간 깨어나서
> 자신의 모습을 드러내기 때문이다
> (……)
> 내일 나는 다시 한 번
> 미래를 내다보는 사람이 될 것이다
> ―피에르 쌍소, 『느리게 산다는 것의 의미』 중 「하루의 위대한 탄생」 부분

거울은 나르시시즘이다. 거울을 통해 여자는 성장하고 성숙한다. 여자를 여자답게 만드는 거울은 연금술사다. 이 냉정한 몰입은 밖에 있는 여인을 순간적으로 천진한 어린이와 농염한 여인으로 변신시키는 마

디에고 벨라스케스 〈거울을 보는 비너스〉 1647, 런던 내셔널 갤러리

법을 부린다. 벨라스케스의 유일한 누드화인 이 작품은 동시대의 누드화 구조에서 탈피해 획기적인 S라인을 창조했다.

세상의 모든 여성은 여신이다. 여성의 원형은 풍요와 재생이라는 원시신앙 속 대지모신(大地母神)이다. 이 같은 오리엔트의 원시신앙을 이어받은 아프로디테를 그리스인들은 상상력과 미학으로 조립되어 사랑과 열락, 미의 여신이라는 하나의 인격으로 창조했다. 천상성과 지상성을 모두 지닌 그녀는 육체의 쾌락을 찬미하며 신과 인간의 사랑에 몸을 맡기기도 한다. 아름다움의 중심을 얼굴이나 젖가슴에서 엉덩이로 옮긴 것이 특징이다.

그리스 신화에 나오는 12신 중 미와 사랑의 여신인 비너스, 즉 아프로디테는 아버지 우라노스의 남근을 잘라 바다에 던지자 저액거품이 모여 태어났다는 탄생 신화도 신기하지만 그 뜻은 더욱 재미있다. 그녀 자체가 정신적 사랑인 '아프로디테 우라노스'와 육체적 사랑인 '아프로디테 판데모스' 등 두 측면으로 이루어진 존재로서 아프로디테란 '아름답고 큰 엉덩이의 소유자'라는 뜻이니 아무래도 얼굴보다 엉덩이가 더 매력 포인트였던가 보다.

오, 여인의 엉덩이! 오, 예쁜 아가씨의 엉덩이!
포동포동한 엉덩이, 균형잡힌 엉덩이,

곱슬곱슬한 털이 울타리처럼 에워싼

그곳에서 너는 항상 입을 다물고 있구나,

다른 짓을 해야 한다는 것을 뻔히 알면서도

가장 좋아하는 유희를 기꺼이 즐기고자

사랑하는 이가 껴안을 때에

네 친구와 자주 부딪히고 부르르 떨게 하는

주름 잡힌 엉덩이, 둥드런 엉덩이, 귀여운 엉덩이…….

— 외스토르 드 보리, 「엉덩이」 부분

　이젠 일어나야죠. 백합 같은 〈다나에〉! 가슴에 늘 신의 정액을 품고 웅크려 자는 그대여. 오래된 숲 속 천 년 만 년 그 어디쯤 쓰러져 있는 그대여. 이젠 일어나 단정히 머리를 매만질 시간입니다. 그러고는 다정한 목소리로 다나에~ 라고 불러 보세요. 다나에는 모든 여성의 보통명사다. 이 신탁이 낳은 에로티시즘은 완벽한 섹스의 환상이다. 강렬한 엑스터시에 가슴을 할퀴는 오른쪽 손가락의 격렬을 보라. 만나자 마자 이별을 준비한다는 점에서 제우스와의 밀회를 아름다운 환희로 승화시킨 이 작품은 아포리아적 고통과 같다. 방어기제를 꺼내 사용할 기간도 없이 입술과 엉덩이로 이어지는 성적 홍분이 절정에 빠져 있다. 제우스의 성기를 부여잡고 탐익 중인 Physis(자연 본성)의 시간을 보라. 입술은 환상을 깨물고 몽환적인 왼손은 자신의 성기를 애무한다. 그 순간 벼락처럼 황금빛으로 쏟아져 내리는 제우스의 정액은 폭포수가 되어 다나에를 함몰시킨다. 물은 관능이다. 카르마의 바다다. 관능의 여신답게 그녀는 섹스의 절정에서 '작은 죽음'과 입맞춤함으로써 자궁 속 태아로 연속성을 부여받는다. 자기 탐닉으로부터 소우주가 형성되며 그것이 절정에 다다랐을 때 그녀는 자신을 빠져나온다.

구스타프 클림트 〈다나에〉 1907, 개인 소장

한때 너를 위해

또 너를 위해

너희들을 위해

씻고 닦고 문지르던 몸

(……)

살 떨리게 화장하던

(……)

삶아 먹어도 좋을 시간이여

―최영미, 「목욕」 부분

보리스 쿠스토디에프 〈러시아 비너스〉 1919

시베리아 열차를 타고 이르크츠크에 내렸다. 현대자동차의 낡은 버스를 번갈아 타며 리스트비안카로 가는 내내 자작나무 숲이었다. 자작나무! 그의 알몸은 눈부셨다. 숲은 걷는 동안 그의 백옥 같은 알몸에 심장이 멈추는 줄 알았다. 해가 뉘엿뉘엿 기울 무렵 조심스레 그의 곁으로 다가갔다. 손을 내밀어 악수를 청하고 그의 미소에 마음이 놓여 두 팔을 활짝 벌려 갈비뼈가 부서지도록 포옹을 하였다. 그뿐이랴. 나는 이때다 싶어 북극 신화에 백화 가루를 폴폴 풍기고 있는 그의 매끄러운 입술에 폴짝 뛰어올라 쪽! 쪽! 쪽! 입술을 맞추었다. 황홀한 감동의 쓰나미로 마구마구 흥분 중. 늠름하고 쭉쭉빵빵인 그들 사이를 한 걸음

한 걸음 옮길 때마다 이 남자와 쪽! 저 남자와 쪽! 그날 밤 통나무집 욜로치카에 돌아와 샤워를 하려고 거울 앞에 섰다. 어느새 부풀어 오른 입술에서 자작나무 새 순들이 자작자작 자라고 있다. "신에게 바치는 인간의 가장 공정한 기도는 '우리 죄를 용서하시고'가 아닌 '우리 죄를 벌하시고'가 되어야 한다."고 스타일리스트인 오스카 와일드가 『도리언 그레이의 초상』에서 말한 것처럼 공정한 신이 있어 나의 도둑 키스에도 이처럼 아름다운 벌을 내리신 것이 아닐까 생각했다.

왼쪽에서 오른쪽으로 둘러보아도, 오른쪽에서 왼쪽으로 둘러보아도 온통 당신! 당신을 떠나며, 자작나무 숲에게 나는 작위를 수여한다. 내 마음속에서는 그 순간부터 그들을 백작나무라 명명하기 시작했다. 백의민족처럼 흰 옷을 입은 백작나무에게. 아침 일찍 일어나 통나무집 욜로치카에게 '도브라에 우뜨러' 아침 인사를 건넨다. 아마도 어젯밤에 러시아 전통 습식 사우나 '바냐'를 한 덕분인지 몸이 가뿐하다. 한국의 사우나보다 훨씬 더 뜨거운 바냐에는 '베닉'이라고 불리는 자작나무 가지와 향나무 잎으로 다발을 만들어 물에 담구었다 꺼내 아플 정도로 달군 몸을 두들겨 주는 게 특징이다.

『빨간머리 앤』의 주인공이 소꿉놀이하며 놀던 곳도 자작나무 숲이다. 자작나무 하면 영화의 한 장면이 먼저 떠오르지만, 우리네 생활에서도 유용하게 쓰였던 나무다. 신혼부부가 첫날밤 자작나무 껍질을 태우며 백년해로를 기약하기도 했다. 오늘날 결혼식을 일컫는 말로 "화촉(華燭)을 밝히다."라고 하는데, 바로 여기서 온 말이라 한다.

아침상 오른 굴비 한 마리
발르다 나는 보았네
마침내 드러난 육신의 비밀

파헤쳐진 오장육부, 산산이 부서진 살점들

진실이란 이런 것인가

상처도 산자만이 걸치는 옷

더 이상 아프지 않겠다는 약속

(……)

—최영미, 「마지막 섹스의 추억」 부분

거울만큼 자신을 사랑하는 사람이 존재할까? 거울은 여자의 아름다움을 진화시킬 뿐만 아니라 여자의 정신과 의사이며 상담심리사이다. 거울 앞에 서 있는 누드는 거울 속에 있는 낯선 여성에게 "마음으로 이해되지 않는 일이 있거든 인내심을 가지고 그 일 때문에 생기는 질문들을 사랑하도록 노력하라. 지금 당장은 답을 찾으려고 애쓰지 말라. 질문을 껴안지 않는 한 답을 찾을 수 없다. 지금은 그저 살아가라. 지금은 그저 질문을 껴안으라."며 릴케의 시집 속 붉은 줄을 친 구절을 낭송해준다. 삶의 가장 밑바닥에서 부대끼며 살다 보니 때로는 포기하고 싶었다고, 이것을 이겨 내게 한 힘은 바로 나에 대한 사랑이었다고, 말하는 듯하다.

벽화 같은 저 여자는 이 세상에 없는 가을이다. 외로운 날엔 제 살이 제 살을 만졌을 것이다. 거울 앞에 서 있는 매춘부는 검은 스타킹을 신은 채 민망한 자신을 바라본다. 펑퍼짐한 엉덩이처럼 풀린 하늘이 이순을 가지 끝에 체념처럼 달아 놓고 하얀 눈발로 사라지는 그녀의 야경을 바라본다. 그녀의 손에는 방금 벗은 듯한 블라우스가 들려 있다. 직업상 손

툴루즈 로트레크 〈거울 앞에 선 누드〉 1897, 뉴욕 하우프트 컬렉션

님과 사랑을 나누기 위해 자신의 모습을 볼 때도 있지만 스러져 가는 자신의 젊음이 안타까워 서글퍼하는 경우도 있다. 곧 풍만한 엉덩이는 화대를 받아 내는 도구가 될 것이라고 생각하는 순간 당신이 매일 들락거렸던 그녀의 두 눈에서는 강물 냄새가 났다.

명화란 화가들의 '정신적인 사리'다. 앙리 드 툴루즈 로트레크의 붓은 이런 미묘한 심리를 아무도 모르는 바람 쪽으로 덧칠해 나갔다. 사창가에 살며 매춘부들의 분홍 숨소리들을 따라 아주 먼 곳까지 내려갔다 오는 것이 일상이었다. 물랑루즈의 전설이었던 로트렉과 물랑루즈를 따로 생각할 수 있을까? 그가 첫 명성을 얻은 것은 물랑루즈를 그린 포스터였다. 파리 곳곳에 붙인 이 포스터를 수집가들이 경쟁적으로 떼어 갔다. 그는 귀족의 자제로 태어났으나 유전병으로 인해 기형적으로 키가 작았다. "다리만 길었어도 화가는 되지 않았다."고 늘 자조(自嘲)했다.

갓 태어난 젖빛 꽃망울들 따뜻하다
햇살에 안겨 배냇잠 자는 모습 보면
나는 문득 대중 목욕탕이 그리워진다
뽀오얀 수증기 속에
스스럼없이 발가벗은 여자들과 한통속이 되어
서로서로 등도 밀어 주고 요구르트도 나누어 마시며
볼록하거나 이미 홀쭉해진 젖가슴이거나
엉덩이거나 검은 음모에 덮여 있는
그 위대한 생산의 집들이 보고 싶다
(……)

—조은길, 「3월」 부분

오귀스트 르누아르 〈누워 있는 누드, 목욕 후의 휴식〉 19세기경

    인간의 엉덩이는 직립보행을 시작한 이후 근육이 변형되어 반구형을 이루었다. 빛의 마법을 포착한 인상주의자 르누아르는 "만약에 여인의 유방과 엉덩이가 없었다면, 나는 결코 그림을 그리지 않았을 것이다."라며 여인의 누드라는 테마에 일생을 걸며 열정을 쏟는다. 이런 감정이입에 대해 칼 포퍼는 "새로운 결론을 얻을 수 있는 가장 유용한 방법은 문제 속으로 들어가서 그 문제의 일부가 되어 버리는 것"이라고 말하는가 하면, 소동파는 "대나무를 그리려면 먼저 대나무가 내 속에서 자라나게 해야 한다."고 말하는 것은 화가들이 한 작품의 페티시를 얻기까지 대상과 동일화된 관찰−유추−감정이입−통합−형상화 단계를 거친다는 것을 추론해 낸 명구로 들린다.

1. 엉덩이가 작은 여성−소비욕이 강하며 유행에 민감하고, 적극적으로 행동한다.

2. 엉덩이가 올라붙은 여성—경제관념이 명확하여 돈 걱정은 안 한다.
3. 엉덩이가 마르고 평평한 여성—여럿이 식사해도 일부러 돈을 내지 않는 인색한 형이다.
4. 엉덩이가 뾰록한 여성—인생은 즐기는 것이라 생각하여 돈을 시원스럽게 쓰는 기분파다.
5. 엉덩이가 삼각형의 여성—큰 부에 대한 집착이 강해 한탕주의를 노린다.
6. 엉덩이가 타원형인 여성—있다고 남을 무시하지 않으며 자신의 일에 최선을 다한다.
7. 엉덩이가 네모인 여성—재운이 평범하고 기복이 없으나 경쟁심과 질투가 많은 편이다.

엉덩이는 늘 뒷전이다. 유순하고 너그러운 모닥불을 피우지만 한 번도 앞에 나서 본 적이 없다. 대개는 뚱뚱한 엉덩이가 모욕이나 경멸, 음

빈센트 반 고흐 〈벽을 바라보는 여인〉 1853~1890

담패설 혹은 배신 등의 자랑스럽지 못한 은유로 묘사되는 이유에서다. 불경을 조금씩 인용하고 있는 저 엉덩이의 적요는 글썽이다 가는 사랑처럼 측량할 길이 없다. 치자꽃의 어린 냄새처럼, 귀뚜라미의 저녁울음처럼, 고흐의 여인은 슬픈 일이 있나 보다. 저 은밀하고 감미로운 엉덩이를 아무 거리낌 없이 당신의 얼굴에 들이대고 있으니 말이다. 시간만 허락한다면 저 풍요로운 엉덩이 위쪽에 예쁜 나비 문신이라도 새기고 싶다. 당신이 부르면 언제라도 나풀나풀 날아갈 수 있는 모나크 나비효과처럼.

1974년 에디오피아 하다르 사막에서 원시인의 뼈 52조각이 발견되었다. 모두 한 사람의 것이었는데 과학자들이 뼈를 맞추면서 비틀즈의 노래 〈루시 인더 스카이 위드 더 다이아몬드〉를 듣는 바람에 이름이 '루시'(학명, 오스트랄로피테쿠스 아파렌시스)로 정해졌다. 최초의 인간인 순정한 소녀 루시의 엉덩이는 어땠을까? 빈센트 반 고흐, 〈벽을 바라보는 여인〉을 보는 순간 얼굴도 본 적 없는 루시가 왜 나타났을까. 야한 유전자가 오래 살아남는 학설에 기대어 본다면 분명 루시는 섹시한 엉덩이를 갖고 있었음에 틀림없다. 비대칭 구도로 길쭉하게 잡아 늘인 여성은 조금은 슬퍼 보이나 인상은 개인적이다. 그의 누드화들은 따뜻하고 선명한 색채로 소용돌이친다. 냉정한 표정에 비해 관능적인 형태의 엉덩이를 지닌 이 누드는 "내 사랑의 뒷덜미를 누군가 건드리고 갔어요."라고 말한다.

미디어에서 만나는 과거의 기생들은 엉덩이를 유난히 강조한다. 조선 시대 기생들의 걸음걸이의 묘미는 열두 폭 치맛자락을 조여 잡고 둔곡미를 한껏 드러내며 엉덩이를 실룩샐룩거리며 걷는 데 있다. 그 도발적인 몸짓에 빠져서 선친에게 물려받은 가산을 탕진하던 한량들 하나

둘 다 사라지고, 사전에도 없는 '짱'이란 말이 도래되었다. '가장' 또는 '최고'의 의미로 쓰이며 얼굴이 예쁜 사람을 '얼짱' 몸매가 멋진 사람을 '몸짱' 키가 큰 사람을 '키짱' 심지어 엉덩이가 매력적인 사람을 '엉짱'이라고 칭하는 문화 트렌드가 되었다. 엉덩이의 궁극적인 지향점은 타이밍(Timing)이다. 슬럼프에 빠져 있는 엉덩이들은 때가 맞지 않는다고 하소연한다. 하지만 엄밀히 따져 보면 자신의 엉덩이의 폼이 좋았을 때보다 지금이 흐트러졌기 때문이다.

케겔 운동, 그 흔하디흔한 포즈로 감기에 물린 엉덩이가 접힌 약봉지처럼 치마를 걷어 올리자 천리향 꽃이 졌다는 먼 소식이 왔다. 귓속에서는 오십 년 전 첫물 흘렸던 그날의 연지빛 소리가 아롱아롱 떨어진다. 숫처녀 그대의 강물 소리가 지금 물소 떼를 타고 내 곁을 스치는 것이리라.

인간의 타고난 본성 중에는 타인의 삶에 대한 흥미가 있다. 그림과 책, 영화와 같은 예술 매체를 통한 관음증은 끊임없이 타인의 존재를 인식하고 이해하려는 노력을 멈추지 않는다. 그러나 그곳에는 투사와 공감이라는 욕망의 방어벽이 있다. 흔히들 편견, 또는 차별이라 부르는 대상으로부터 안전거리를 확보한 채 구경하면서 얻어지는 결과물이란 다름 아닌 관람자적 관음증인 것이다. 타인의 아름다움을 끊임없이 훔쳐보려 하고, 때로는 광기에 함께 휩쓸리면서도, 한편으로는 그 고통이 나와 상관없을 때 깊은 안도감을 느끼는 관람자적 심리를 우리는 누구나 가지고 있는 것이다. 어쩜 이것이 열등하다고 판단되는 타인을 대면하는 방식의 진짜 내 얼굴일지도 모른다.

각설하고 아름답고 매력 있는 엉덩이를 만들고 싶다면? 몸짱, S라인, 뒤태 미인, 각선미 종결자가 되고 싶다면? 다시 에곤 쉴레의 〈양 팔꿈

치를 괸 채 무릎을 꿇고 있
는 처녀〉와 같은 요가 체위
를 하루에 10분간씩 하시
길.

"불행은 언젠가 잘못 보
낸 시간의 보복." 이라고 나
폴레옹은 말했지만 난 에
곤 쉴레, 〈양 팔꿈치를 괸

에곤 쉴레 〈양 팔꿈치를 괸 채 무릎을 꿇고 있는 처녀〉 1917, 레오폴드 미술관

채 무릎을 꿇고 있는 처녀〉를 보며 "행복은 언젠가 잘 보낸 시간의 보
복." 이 되라고 믿는다.

한때 지느러미가 아프도록 헤엄쳤을 것이다. 차갑고도 높다란 밤과
밤의 늑골 사이로~ 그대와의 교신을 위해. 없는 그대를 부르며 캄캄한
지느러미 하나로 심해를 건넜을 것이다. 그렇다면 가장 매력적인 엉
덩이는 어떤 엉덩이일까? 불룩 나온 배와 가늘고 짧은 팔다리의 〈빌렌
도르프의 비너스〉에서 알 수 있듯 아름다움에 대한 기준은 시대마다
문화권마다 변모되어 왔다. 여성의 허리와 엉덩이의 비율이 0.7 대 1
일 때 가장 매력적이라는 연구 결과가 있지만 수많은 명화에 등장하는
미인들은 대부분 이 비율과 무관한 몸매로 풍요로움을 선사하고 있
다. 심지어 같은 문화권 안에서도 기준은 때에 따라 변하는 것을 보면
외모에 대한 평가란 어쩔 수 없이 상대적이라는 것을 알 수 있다.

이 엉덩이 그림이 늙은이로 태어나 어린아이로 죽는, 시간을 거꾸로
사는 데이빗 핀처 감독의 영화 〈벤자민 버튼의 시간은 거꾸로 간다〉
(2008)였다면, 물속을 어지럽게 떠다니는 머리카락이 황금빛 붕어를 애무
하다 말고 타인의 시선을 느꼈는지 갑자기 몇 가닥의 긴 머리카락을 잡

구스타프 클림트 〈금붕어〉 1901, 스위스 솔로투룬 쿡스트

아당겨 엉덩이를 스치듯 감춘다면. 낯선 암호를 풀어내려고 슬픔의 섬모들이 파르르 달려든다면? 그러나 이미 상황 종료다. 고착되지 않고 계속 매끄럽게 빠져나가는 금붕어와의 밀애는 관능적이다 못해 매혹적이기 때문이다. 따라서 무례하게 엉덩이를 눈앞에 들이대며 웃고 있는 이 여성은 그리스 신화에 나오는 물의 요정이기 이전에 홀로 춥고 따뜻했던 바로 그대인 것이다.

프란츠 폰 슈투크 〈살로메〉 1906

팜므파탈의 발칙한 계보

오, 나는 이 냉혹하고 잔인한 짐승을 너무도 사랑하고 아끼지
심지어는 이 차가운 경멸까지도
그러나 내겐 오히려 그런 네가 더욱 견딜 수 없도록 아름답게 느껴지는구나.
―보들레르, 『나는 밤하늘 같은 너를 숭배한다』 부분

루비스 코린스 〈살로메〉 1900

세기를 거듭해 온 옴므파탈(Homme Fatale)의 범죄는 일상이었다. 남의 여자를 유혹하여 가정을 파탄 내는 제비들의 공통점은 여자의 덕을 보거나 여자를 노예처럼 부리는 것이다. 이와는 반대로 팜므파탈(Femme Fatale)은 두 아들을 자신의 보물이라고 말한 로마 시대의 미망인 코르넬리아처럼 현모가 되고 싶지 않은 여성들의 삶이

다. 세례 요한을 죽여서 남성을 소유하는 살로메, 정사를 벌인 후 적장의 목을 자른 여전사 유디트, 자식을 죽여 복수하는 메이데아는 전형적인 팜므파탈들이다.

팜므파탈이란 '운명의 여인' 혹은 '치명적인 매력을 지닌 여인' 이란 뜻이다. 치명적으로 남자의 운명을 망쳐 놓는 요부(妖婦)란 부정적 뉘앙스의 상징이다. 고대부터 존재해 온 요부와 탕녀들을 1912년 극작가 버나드 쇼가 처음 명명한 이래 하나의 문화적 현상으로 유행한 시초는 상징주의를 비롯한 데카당(decadent, 퇴폐파) 문학과 미술이다. 19세기 말은 급속한 산업화와 도시화로 전통적인 성 가치관이 무너지고 자의식에 눈뜬 신여성들이 목청을 높이던 시기에 보들레르가 『악의 꽃』에서 "그대 사랑 가장 깊은 곳을 과녁으로 삼고 팔딱이는 그대 심장에 비수를 꽂으리라."고 사랑을 가학과 피학이 펼치는 악마적인 게임으로 등장시키고, 유명 화가들이 단골 모델로 출연시키고, 예술가와 지식인들이 일탈을 꿈꾸는 살롱에서 단골 안주로 우상화되었다.

수동적인 여성에게 욕구된 욕구(Die begehrte Begierde)만을 선취하던 남성들이 자신을 지배하는 존재로 돌변한 팜므파탈에게 욕망과 동시에 공포를 체험한다. 그들은 한없이 두려우면서도 절묘한 표정으로 시시각각 자신의 목줄을 옭아맸다 풀었다 하는 마법에서 빠져나오길 한사코 거부한다. 성녀(숭배)와 창녀(복종)라는 이원적 여성 구도에서 벗어나 남성과 동등하게 성의 해방을 부르짖는 제3의 여성이 등장했으니 남성들이 두려움을 느낀 것은 당연한 결과였다.

'섹시'는 21세기 다중매체 문화의 아이콘이다. 성을 상품화한 팜므파탈의 이미지는 신화 속 성녀/창녀, 사랑/죽음은 현대 그림들이 예술적 영감을 얻어 온 소재다. 팜므파탈의 이원적 대립 구도는 보들레르가

피에르 보나르 〈살로메〉 1900

말한 두 가지 갈망과 같은 맥락이다. 하나는 신을 향한 상승하려는 욕망이고, 다른 하나는 악마적인 것으로 하강하는 쾌감이며, 이것을 여인에 대한 사랑으로 여겼다.

그렇다면 '치명적'이라고 말할 수 있는 성적 매력을 지닌 여인으로는 누가 있을까? 세상의 시작과 함께해 온 팜므파탈의 이미지들은 잔혹, 신비, 음탕, 매혹, 4가지로 분류할 수 있는데 잔혹의 심벌은 살로메,

유디트, 메데이아, 스핑크스, 메두사이고, 신비의 심벌은 클레오파트라, 판도라, 조세핀, 롤리타이고, 음탕의 심벌은 카르멘, 메살리나, 릴리트, 들릴라이고, 매혹의 심벌은 비너스, 헬레네, 사바티에 등으로 구분된다. 그러나 이 글에서는 잔혹 이미지에 대해 이야기하고 있는 중이다.

잔혹(殘酷)!

팜므파탈을 통해 우리에게 가르쳐 주려는 것은 지식이 아닌 인생이라는 것. 보나르의 〈살로메〉는 있는 듯 없는 듯한 투명한 베일로 알몸을 가리는 대신 자신의 맹목적인 집착을 훤히 드러낸다. 침대 가에 우아하게 걸터앉아 여왕이 시종에게 명령하는 거만한 눈빛이다. "후회해 봐야 이미 너무 늦었어, 넌 내꺼야."라고 말하는 것 같다.

깊은 밤, 저 멀리 외딴 궁정의 작은 불빛이 보인다. 커다란 나무의 그림자도 덩달아 짙게 내려앉는다. 야외무대의 가로등 불빛은 흐린데 하늘은 어느새 수많은 별들로 대낮이다. 보세요! 저 반짝이는 밤하늘을~. 하늘은 대낮인데 대지는 어둠이다. 왜 그림은 낮과 밤의 풍경을 동시에 보여 주는 걸까? 어색한 표정으로 더듬더듬 생각의 열쇠를 돌려본다. 신비한 느낌을 불러일으키기 위해서 화가는 현실에서 불가능한 초자연적인 현상을, 익숙한 세상을 낯설게 보이도록 하기 위해 더 자주 캔버스에 의도적인 붓질을 하는 것이다.

한 장의 명화를 일생 동안 수없이 볼 수는 있다. 그러나 한 사람의 정신을 변화시킬 수 있을 만큼 그린 이의 내면과 시대적 배경, 스토리에 얽힌 사랑과 유혹, 파괴와 치유에 대해 깊이 통찰하며 보는 기회는 그리 많지 않을 것이다. 프란츠 폰 슈투크의 〈살로메〉를 처음 본 것은 서른두 살이 되던 봄이었다. 사랑이 얼마나 사랑을 간절히 원하면 저토록 치명적인 일곱 겹의 춤을 추워 목적을 달성하려 했을까? 자기 최면에 빠진 모습을 골똘히 지켜본 첫 경험이었다. 엑스터시에 빠진 살로메의 내면을 이해할 수 있다고 느낀 것 같다. 너무나 매력적이고 요염한 이 그림에 빠져 나는 벨리댄스반에 등록했고 몇 해 동안 정말 미친 듯이 에너지를 분출했다.

벨리댄스(Belly Dance), 일명 오리엔탈 댄스의 기원은 고대의 다산 의식에서 시작됐으며 전통적으로 어머니 땅에 경의를 표하는 의미로써 맨발로 춤을 춘다. 우리나라에서 부흥기를 겪고 있는 배꼽춤은 터키 문화에 이집트의 관능성이 결합된 심벌즈와 딱딱이를 가지고 행해졌던 춤이다. 여신의 다산성에 근원을 두고 복부의 움직임을 강조하는 이 춤은 이집트 신랑 신부가 결혼식 날 벨리댄서(Belly Dancer)를 초빙해 그녀의 배에 손을 올리고 사진을 찍는 풍습으로 진화했고 스페인으로 건너가 오늘날의 플라멩코가 되었다.

프란츠 폰 슈투크 〈살로메〉 1906

독일의 상징주의 화가이자, 아르누보 운동에 참여했던 조각가 겸 판화가, 건축가였던 프란츠 폰 슈투크가 그린 〈살로메〉는 요한의 잘린 목에 키스하기 위해 마지막 춤에 몰입하여 클라이맥스에 도달한 광기의 요부로 그려 냈다. 이 그림에는 꾸미지 않은 욕망의 솔직함이 주는 쾌감이 있다. 아름다운 사랑에는 이토록 잔인한 속성이 살고 있음에도 불구하고 춤

키스 반 동겐 〈인도 무희〉 1907, 광휘의 물에 빠진 달

추는 여자에게 남자가 매력을 느끼는 건 본능적 욕구일 터. 지금도 그림 속 신화가 유혹과 스캔들을 싣고 문명의 대로를 달리는 것은 살로메가 세계의 문화 미술사와 사람들 마음 사이에 세기의 팜므파탈이란 아이콘으로 영토를 만들었기 때문이다.

십여 년 후, 이집트 크루즈 여행을 갔을 때 무대를 장악하는 벨리댄스에 취해 혼몽해지고 말았다. 공연이 끝난 틈으로 서른두 살의 봄과는 비교도 할 수 없을 만큼 뼛속으로부터 통음되는 내적 경험을 하였다. 몇 차례의 격렬한 한숨과 자지러질 것 같은 떨림이 허파꽈리를 통과했고 어느 순간에는 누구도 걷잡을 수 없게 눈물이 흘러내렸다. 에로티시즘이 카타르시스를 매개로 감동, 동일시를 경험하게 하고, 좀 더 여유 있고 너그러워진 자존의 공간을 제공받음으로써 치유를 지나 통합된 자기상에 이른 경우다. 강렬한 충동 때문에 그해에 다시 이 그림과 마주 앉았지만 그때에는 기분이 담담해져 더 이상 눈물을 닦지 않았다.

그렇다. 사랑이 어찌 매번 가슴 뭉클한 감동만 있을 것인가. 사랑에 감염된 이는 기쁘면서 슬프고, 즐거우면서 고통스럽기도 하지만 살로메처럼 사랑에 거절당한 뒤에 느끼는 자존의 결핍은 상상을 초월하게 된다. 그래서 그녀는 자신의 죽음에 대한 공포에서 벗어나기 위해 사랑으로 도망치려 했지만 연인에 대한 질투심에 괴로워하다 복수로 방향을 바꾸고 만다. 뾰족한 송곳 다발로 난도질당하는 듯한 고통을 알면서도 집착을 멈출 수 없다. 그녀의 사랑에는 이 고통이 필수 조건이다.

어머니 여신이 지배하던 초기의 종교의식에서 춤이란 세상에 빛과 질서를 부여하는 신비로운 행위였다. 춤은 리듬에 맞춰 몸을 흔드는 최상의 커뮤니케이션 또는 신과 접촉하는 통로였다. 춤이 신과 소통하는 매개체였던 인류 역사의 초기부터, 악마를 불러낸다 하여 억압의 대상이 되었던 중세를 지나, 자유로이 춤을 즐기게 된 현대에 이르기까지, 억압과 욕망 사이에서 격전을 치러 낸 시대별 역사가 녹아 있다.

모로는 형상에 치중하는 아카데미즘의 진부함에 빠지지 않고 신화나 원형 내면의 세계를 강렬하고 신비로운 분위기로 나타냈다. 모로의 〈환영〉·〈살로메의 춤〉·〈오디프스와 스핑크스〉 등의 팜므파탈 이미지에서는 특히 이국적인 에로티시즘과 폭력에 관심을 가진 시대적인 남성중심사관의 시각을 견지했다. 극적인 원형 광선 처리로 화폭 중앙에 눈부신 색채가 돋보이는 것은 지저스의 머리가 아니다. 7겹의 베일의 춤을 추고 얻어 낸 살로메의 전리품이다. 헤롯은 의붓딸 살로메가 춤추는 모습만 보면 넋이 나갔는데 관능적이고 간드러진 춤을 춘 살로메는 계부에게 춤을 춘 대가로 세례 요한의 목을 얻는다.

모로의 〈환영〉을 확대해 보라. 화폭 가득 큰 기둥들이 줄지어 서 있다. 기둥 위에 미완성 상태로 덧그려진 데생은 신비로운 장식 효과를 가져온다. 그럼에도 불구하고 그의 작품이 퇴폐적이라는 평가를 받아 왔으나, 캔버스를 긁거나 문지르는 등 수많은 기법을 실험했고 그림물감을 두껍게 칠한 자유분방한 양식의 비구상화들 때문에 추상 표현주의의 선구자라고 불리게 되었다. 젊은 날엔 음악가로, 늙어서는 귀머거리가 된 어머니를 모시고 모로는 평생을 독신으로 살며 그는 아틀리에(로슈푸코 가)에 틀어박혀 그림만 그렸다. 파리 국립미술학교 교수로 재직했던 그는 마티스와 루오를 비롯한 야수파 화가들에게 큰 영향을 미쳤다. 모로는 죽을 때 자신의 집과 생전에 전혀 팔리지 않았던 8,000여 점의 작품을 국가에 기증하여 오늘날 파리의 귀스타브 모로 미술

귀스타브 모로 〈환영(The Apparition)〉 1876, 미국 매사추세츠 주 케임브리지 포그 미술관

관이 건립되었다.

밤이면 내 베개가 나를 쳐다보네
무덤의 묘비와 같이 굳은 모습으로
나는 그에게 그런 사랑이 있는 줄 예전엔 알지 못했네
혼자 쓸쓸히 연인의 머리를 받쳐 주지 못하네
(……)

—헤르만 헷세

에드윈 롱 〈마음의 동쪽〉 1882

어느 날, 낯선 여인이 남자 앞에 나타난다. 시선을 한번에 사로잡는 섹시한 몸매와, 매혹적인 눈빛 앞에서 남자는 거부할 수 없는 불길한 끌림을 느낀다. 관계가 깊어질수록 남자는 점점 거미줄에 엉키기 시작한다. 주로 암흑가를 배경으로 한 50년대 헐리우드 '필름 누아르(film noir)'의 전형적인 공식이다. 최근의 다중 매체 문화의 홍수 속에는 필름 누아르를 살게 했던 팜므파탈의 이미지가 영화 〈원초적 본능〉의 샤론스톤 쓰나

미처럼 밀려오고 있다.

살로메. 존재에 대립하는 외양, 부재에 대립하는 현존. "저는 이 신체 접촉의 결핍, 이 욕망의 부재로 인해 버림받고 모욕당했어요." 에드윈 롱의 〈마음의 동쪽〉은 살로메의 자존감에 심한 상처를 받기 전의 모습 같다.

그녀가 걸음을 옮길 때마다 바닥에 있는 검은 표범의 그림자가 성큼성큼 함께 걸어간다. 서로 발이 닿는다는 것은 두 자아 사이에 최대의 신뢰가 형성되었다는 것을 의미한다. 그대의 그림자 속에는 어느 짐승이 걸어 다니고 있습니까?

오브리 비어즐리의 〈오스카 와일드의 살로메 삽화〉는 여기서 한 걸음 더 나아간다. 난 아직도 널, 피 떨어지는 이런 몰골의 널 사랑한다고! 알고 있니? 한 줄기 붉은 피가 바닥을 향해 수직으로 떨어진다. 곧바로 아름다운 수선화 한 송이가 피어 오른다.

당신 입술에서는 쓴맛이 나는군
피 맛인가? 아니야! 사랑의 맛이겠지
사랑이 쓴맛이라지

—오스카 와일드, 「살로메」 부분

〈살로메〉의 존재감은 수많은 예술가들에게 영감을 주며 많은 작품으로 재탄생했다. 그렇다면 어째서 살로메의 매력은 소멸되지 않는 것일까? 모든 화가들은 예술의 주제였던 치명적인 살로메를 그림으로서 꼭 한 번쯤은 살로메와의 성적 완성을 꿈꾸곤 했다.

아일랜드 극작가 오스카 와일드의 『살로메』의 삽화에서 살로메는 아

오브리 비어즐리 〈오스카 와일드의 살로메 삽화〉 1894

예 세례 요한의 잘린 목을 들고 입을 맞추려는 자세를 취하고 있다. 아르누보 스타일로 그려진 이 그림에서는 살로메가 관능적인 미녀라기보다는 마녀 같다. 그렇다손 치더라도 비어즐리는 먼저 캔버스를 펴고 그 저녁의 그로데스크한 공기를 그리기 시작했을 것이다. 그로데스크하고 잔혹한 테마에 몰두한 극작가 오스카 와일드가 귀스타브 모로의 살로메 그림의 연작을 보고 영감을 받아 그 유명한 희곡 〈살로메〉를 집필하고, 비어즐리는 그 희곡을 보고 저 삽화를 그렸다. 리햐르트 슈트라우스는 와일드의 극대본으로 독일 악극 살로메를 작곡하였고 그 극 중에서 소프라노 출연자는 일곱 베일의 춤에서 나신까지 보이며 열연했다. 또 이 음악극을 보고 많은 화가들은 고혹적으로 춤추는 살로메와 춤의 대가로 쟁반에 올려진 요한의 머리를 건네받는 잔혹녀도 그렸다. 예술가들의 영감의 원천이었던 살로메는 수많은 회화 작품 이외에도 땀방울과 목소리의 관능미를 중시한 귀스타브 플로베르의 소설 『에로디아스』, 문제 많은 모녀 관계에 초점을 맞춘 쥘 마스네의 오페라 〈에로디아드〉 등 많은 작품을 탄생시켰다. 시이고 꿈이고 그 무엇이기도 한 그 욕망의 스토리를 그림 들어 보실까요.

오페라 살로메(Salome)

무대는 헤롯의 궁전에 있는 웅장한 테라스다. 안에서 성대한 연회의 흥청거리는 소리가 들려온다. 위병 대장 나라보트가 시종에게 아름다운 공주 살로메에 대한 자기의 불타는 사랑을 하소연한다. 이때 정원의 수조로부터 죄인은 회개하라는 세례 요한의 힘찬 목소리가 울려 퍼진다. 여왕 헤로디아스가 헤롯과 결혼하기 위하여 그녀의 남편을 살해한 비행을 빗댄 말이다.

한편 살로메는 끈질기게 욕정을 품고 추파를 던지는 호색적인 계부 헤롯 때문에 속이 상한 나머지 연회장에서 나와 달빛 속을 거닐고 있었다. 그러다가 요한의 목소리에 놀라 걸음을 멈추게 된다. 호기심이 동한 살로메는 그

베노초 고촐리 〈살로메의 춤〉 1462~1462

녀를 연모하고 있는 나라보트를 설득하여 수조에 갇혀 있는 요한을 데려오도록 시킨다. 그녀는 "나라보트, 당신은 나를 위해 이 일을 할 수 있으리."라고 달콤한 목소리로 유혹한다. 드디어 누더기를 걸친 예언자의 모습이 달빛 속에 드러난다.

요한이 "나를 쳐다보는 이 여인이 누구인가?" 묻자 첫눈에 뽕 간 살로메는 그를 차지하고 싶은 욕망이 불같이 일어난다. 그녀는 참을 수 없어 "요한, 당신의 입술에 오래도록 키스하고 싶어요."라며 뱀같이 음탕한 자태로 노래한다. 이때 그토록 흠모한 연인의 타락한 모습에 소스라치게 놀란 나라보트가 충격과 실망을 이기지 못하여 스스로 목숨을 끊는다. 그러나 그녀는 마치 최면에 걸린 사람처럼 자기의 발아래에 쓰러져 있는 나라보트의 시체를 건너뛰어 요한에게 접근한다. 관능적인 유

팜므파탈의 발칙한 계보 101

가스통 뷔슈리에 〈7겹의 춤〉 1920, 개인 소장

혹이 감돌지만 요한은 살로메를 거들떠보지도 않고 수조로 되돌아간다. 자기를 거부한 예언자에게 강렬한 적개심을 품는다.

테라스에서 헤롯은 온통 살로메를 차지하려는 욕정에 차 있다. 그는 살로메에게 자기를 위해 춤을 추도록 요구한다. 그러나 응하지 않자, 살로메가 원하는 소망을 들어주겠다고 꼬득인다. 그녀는 기다렸다는 듯이 한 겹씩 베일을 벗어 던진다. 그 유명한 '일곱 베일의 춤'을 관능적으로 추기 시작하자 넋이 나간 헤롯은 그녀의 소원대로 은쟁반에 요한의 머리를 담아 등장한다. 살로메는 은쟁반을 붙잡더니 마치 요한의 머리가 살아 있기나 한 것처럼 퇴폐적인 몸짓으로 죽은 요한의 입술 위에 열정적인 키스를 퍼붓는다. 살로메가 잘린 요한의 목에 입 맞추는 장면은 작가 와일드가 지향했던 탐미주의의 극치를 보여 준다.

1905년 독일 드레스덴에서 초연한 이 오페라가 살로메의 처형으로 끝나는 것은 부르주아 사회질서의 보존을 의미한다. 또한 〈살로메〉가 유럽과 신대륙 모든 극장에서 엄청난 인기를 누렸던 것은 오페라를 통해 억제된 자신들의 욕망을 실현할 수 있었기 때문이라고 당대의 평론가들은 입을 모았다.

> 내 눈빛을 꺼 주소서, 그래도 나는 당신을 볼 수 있습니다
> 내 귀를 막아 주소서, 그래도 나는 당신의 목소리를 들을 수 있습니다
>
> 발이 없어도 당신에게 갈 수 있고
> 입이 없어도 당신의 이름을 부를 수 있습니다
> 내 팔을 부러뜨려 주소서, 나는 손으로 하듯
> 내 가슴으로 당신을 끌어안을 것입니다
> 내 심장을 막아 주소서, 그러면 나의 뇌가 고동칠 것입니다
> 내 뇌에 불을 지르면, 나는 당신을 피에 실어 나르겠습니다.
> ―라이너마리아 릴케, 「루 살로메」

니체, 릴케, 프로이트 등 당대 최고의 천재들을 맹신하게 한 마력의 소유자로 남은 루 살로메! 니체는 그녀와의 결별의 트라우마를 책에다 풀어 놓았다. 그래서 열흘 만에 탈고한 책이 『차라투스트라는 이렇게 말했다』이다. 그 후 얼마 뒤부터 니체는 정신착란에 빠져 10여 년을 광기 속에서 헤매다가 여생을 마쳤다.

욕망은 나이가 없다. 왜 그럴까? 그것은 생의 첫 순간에 탄생하기 때문이다.

페르난 크노프 〈스핑크스의 애무〉 1896, 벨기에 왕립미술관

수간의 엑스터시

에로스의 후손이여! 욕망을 경멸하지 말자. 당신의 신성한 욕구 안에 들어 있는 사랑받고 싶은 심리, 결핍, 식욕, 성욕, 완전함을 지향하는 정신, 열정의 불꽃 등은 모두 하나이다. 당신에게 예술품이 몇 점 있고 그것에서 감동받는 법을 안다면 당신은 필요한 것을 다 가진 행운아다.

파울 프로스퍼 텔리어 〈레다와 백조〉 1800년경

그래서 당신이 본 이 위대한 풍경은 시이자 예언이자 종교이다.

태어날 때 입고 온 옷
떠날 때 입고 가는 옷
순례자의 첫 옷이자 마지막 옷
신성한 강물이 흘러가네
해와 달이 출렁이네
이처럼 행복한 사원 어디 있는가

—윤향기, 「몸」

느닷없는 급습, 커다란 날개는
비틀거리는 처녀 위에서 조용히 퍼덕이고,
그녀 허벅다리는 검은 물갈퀴로 애무하며,

〈레다와 백조〉 작자 · 년도 미상

목덜미는 부리로 집어,

백조는 그녀의 지친 가슴을 그의 가슴에 껴안고 있다

어떻게 그 질려 맥 빠진 손가락이

맥 풀리는 허벅지로부터 그 깃털로 덮인

영광을 밀어낼 수 있으랴?

몸은 또 어찌 그 백색 습격 속에 누운 채

이상한 심장의 두근거림을 느끼지 않을 수 있으랴?

전율하는 허리는 거기

무너진 성벽과 불타는 지붕과 망루

죽은 아가멤논을 잉태한다

그렇게 꽉 붙잡힌 채

그렇게 짐승 같은 하늘의 피에 정복당한 소녀는

무심한 부리가 그녀를 떨구기 전에

그의 권능과 예지를 고스란히 전해 받게 되었을까.

―윌리암 버틀러 예이츠, 「레다와 백조」

  지금은 사라지고 없는 미켈란젤로의 원작을 모방한 루벤스의 〈레다와 백조〉를 마주하고 있노라면 윌리암 버틀러 예이츠의 시 「레다와 백조」(1928)가 날아오른다. 이 두 작품의 배경을 이룬 레다와 백조의 신화 이야기는 어디서부터 출발했을까? 레다는 스파르타의 왕인 틴다레우스의 왕비였다. 남편이 왕국에서 추방당하자 아버지 테스티오스의 궁정에 피해 있었다. 어느 날 에우로타스 강가에서 목욕을 하던 레다가 제우스의 눈에 띈다. 레다의 아름다움에 빠진 작업 남 제우스는 그녀가

피터 파울 루벤스 〈레다와 백조〉 1598, 빈 미술사 박물관

백조들이 노니는 호숫가 산책을 즐겨하고 백조를 좋아한다는 것을 알아내고 백조로 변신하여 레다의 곁에 다가간다. 백조가 제우스라는 사실을 알 리 없었던 레다는 백조의 목을 감싸 안고 부드러운 깃털을 쓸어 준다. 그 순간을 놓치지 않고 제우스는 그녀의 두 팔에 안기자마자 원래 모습인 신의 형상으로 변해 레다를 겁탈한다. 백조의 몸통은 레다의 두 다리를 점령하고, 긴 목은 레다의 젖가슴을 애무하고, 봉긋한 부리는 레다의 입술 위에서 황홀경에 빠져 있다. 붉게 상기된 레다의 표정, 가늘게 경련하는 찰진 꿀벅지 위로 눈물이 흘러내렸으리라. 장수풍뎅이 한 마리가 눈물이 떨어진 자리로 지나갈 때 백조가 건너온 장구한 시간도 지나갔을 것이다.

제우스는 질투가 심한 아내 헤라의 눈을 피해 황소, 독수리, 뻐꾸기, 구름으로 변신하여 강간과 수간(獸姦, sodomy)을 일삼았다. '개인'과 '자아'를 앞서 수간을 보여 준 제우스는 모든 세상살이의 원형이다. 바람둥이로 유명한 제우스가 거대한 백조로 변신하여 하늘에서 쏜살같이 내려와 강에서 목욕하고 있는 레다를 덮친다. 이 극적인 순간을 포착한 것이 바로 예이츠의 위의 시 〈레다와 백조〉이다. 시의 첫 연 '느닷없는 급습(A sudden blow)'은 달리 말하면 강간의 다른 묘사이고, 둘째 연의 '백색의 습격(white rush)'이란 불가항력에 직면한 인간의 한계상황을 표현한 성적인 표현이라면, 셋째 연의 '전율하는 레다의 허리'는 관능의 에센스인 극치감일 것이다.

앙리 마티스(1869~1954)는 토마토를 파랗게 그렸다. 폴 세잔(1839~1906)의 〈레다와 백조〉역시 먼 곳과 동경의 색인 파란 상상력으로 채웠다. 생의 풍부함에 자신을 활짝 열어 놓았던 세잔은 자신이 자연과 인간을 이어 주는 가교라고 생각한 것이 분명하다. 파란색을 현혹의 색

폴 세잔 〈레다와 백조〉 1880, 펜실베니아 에리언반스재단

이라 하여 독일에서는 꾸며 낸 이야기를 '파란 동화'라 하고, 정력제 비아그라는 '파란 기적'이라 부르며, 네델란드에서는 '그건 파란 꽃이야' 하면 근거 없는 거짓말을 의미한다. 파란색은 누워도 늙지 않는 푸르른 우수다.

〈레다와 백조〉 신화는 동물과의 사랑, 즉 수간이다. 성도착증의 한 형태인 수간은 거의 모든 문화권에서 금기 중에 금기로 다뤄졌다. 고대에는 신과의 접촉(동물은 신의 아바타)라는 의미로 종종 행해졌다. 또한 이성과 만나기 어려운 상황에서도 종종 행해졌다. 이 추정된 수간의 역사는

수간의 엑스터시 109

꽤 깊다. 폼페이 유적에는 남성이 암염소와 수간을 하는 조각상이 있고, 중혼이 보편적이었던 옛 중동 지역에선 신붓감을 구하지 못한 가난한 청년들이 염소로 성욕을 해소하였다. 로마 시대에는 이런 소문 때문에 양치기를 천민 취급했다. 칭기즈칸도 몽고 전통 법전인 『야사(Yasa)』에서 수간을 금지한다는 점을 강조했는데, 이는 성욕을 참지 못한 전사들이 데리고 다니던 말들과 수간하는 일이 빈번했기 때문이다.

고대 신화의 외투를 빌리지 않았더라면 합스부르크가의 황제 루돌프 2세가 이 그림을 선뜻 구입할 수 있었을까? 〈레다와 백조〉 그림의 모티브는 〈팔루스 새〉를 연상시킨다. 고대 유럽의 전설 속의 새인 팔루스의 새는 머리부터 목 부분이 꼭 남성의 페니스를 닮았다. 더욱이 나체의 여자가 말을 몰듯이 팔루스 새의 고삐를 잡고 있는 그림도 있다. 이 두 제재 사이에 어떤 직접적인 관계가 있는 것은 아니겠지만, 여성과 새가 짝을 이루어 에로스화한 부분에서는 공통점이 있다고 할 수 있다.

고대 로마법에는 구체적으로 암양과 관계

칼리아리 파올로 베로네세 〈레다와 백조〉 16세기, 페슈 미술관

한 남성, 숫양과 관계한 여성을 처벌하는 규정이 있었다. 이는 수간을 법적으로도 금지해 왔다는 의미이다. 그 예로, 원숭이에게서만 나타나던 에이즈가 인간과 원숭이가 관계를 맺음으로 인간에게 전염되었다고 보는 것도 같은 이치이다. 또한 페루에서는 '독신 남은 암컷 라마를 기를 수가 없다'고 법으로 제정해 놓았다 한다. 세상에 모든 금지란 깨지라고 존재하는 것이라는데……. 우람한 날개의 퍼덕임에 혼절하였으면, 백색이든 흑색이든 당신의 마음속에 그려진 하늘에서 급습을 받고 싶다. 오늘 밤에.

헬레니즘 후기 원작에 따른 로마 시대 모각

매력적인 입술을 갖고 싶다면 친절한 말을 하라
사랑스런 눈을 갖고 싶다면 다른 사람의 좋은 점을 발견하라
날씬한 몸매를 원하거든 굶주린 사람들과 음식을 나누어라
아름다운 머리를 갖고 싶다면 하루 한 번 아이의 손으로 쓰다듬게 하라
멋진 자태를 원한다면 결코 혼자 걷는 게 아님을 명심하라
(……)
여자의 아름다움은 옷이나 생김새, 머리 모양이 아니라
눈에서 나온다. 눈은 사랑스러운 마음의 문
진정한 아름다움은 얼굴의 매력이 아니라
영혼에서 반사된다. 그것은 온화한 손길과 뜨거운 열정
그래서 여자의 아름다움은 나이와 함께 원숙해진다

—샘 레븐슨, 「아름다움의 비결」 부분

시카고 대학 진화생물학자 리 밴 베일런은 숱한 이야깃거리를 남긴 괴짜였다. 어느 날 강연장 가득 모여 앉아 그의 강연을 기다리던 사람들은 '쿵' '쿵' 반복되는 소리에 모두 뒤를 돌아보았다. 갑자기 커다란 백과사전을 땅에 떨어뜨렸다 집어 드는 행동을 반복하는 노교수가 있었다. 그는 단상에 올라 "방금 전에 들은 소리가 그 옛날 공룡들의 발걸음 소리다."라고 말했다. 6,500만 년 전에 사라진 공룡의 소리 화석을 그들은 학회에 앉아서 들은 셈이다. 또한 미국 과학한림원 회보에 최근 실린 논문은 화석 여치의 발음기관을 바탕으로 그들이 냈음직한 소리를 재생해 내는데 성공했다고 발표했다. 그들이 유추해 낸 소리는 6,400헤르츠의 고음이었다.

어느 날 저녁 한 아름다움이 내 알몸에 매달렸다. 지혜의 여신 소피아(Sophia)를 미친 듯이 껴안고 격정적인 키스를 쪽! 쪽! 쪽! 아마도 머지않아 저 연구팀들이 귀스타브 모로의 〈오이디푸스와 스핑크스〉 그림을 보고 그날의 '키스 소리 화석'을 재현하여 인터넷으로

귀스타브 모로 〈오이디푸스와 스핑크스〉 1864

판매하는 날도 머지않을 것이다.

 신화가 인류의 영생을 자극한다면, 종교가 인간을 사로잡는 것은 죽음이 있기 때문이다. 인간은 죽음을 끌어안고 있는 불연속적인 존재인 만큼 필사적으로 연속성을 갈망한다. 그러나 불연속적인 존재들의 삶에 모종의 연속성이 구현되는 기막힌 시간이 있는데, 그것은 바로 생식(生殖)의 시간이다. 이 신비로운 시간의 출발은 바로 키스 타임이다. 만일 어떤 행위가 강력한 금기의 대상이라면, 그것은 이전에 그 행위가 강렬한 욕망의 대상이었다는 것을 반증한다. 알몸 보이지 않기, 근친상간 금지, 시체와 접촉 금지 등은 모두 동물성으로부터 멀어지려는 의지, 즉 인간성을 구현하고자 하는 의지의 산물이다. 금기와 위반도 외형상 서로를 물리치는 것 같지만 실은 서로를 필요로 하는 범주들이다. 금기를 위반한다는 의미는 신화와 마찬가지로 인류의 가장 오래된 기억, 아득한 시원(始原)의 세계로 들어간다는 뜻이다. 굳이 스티븐 스필버그 영화 〈인디아나 존스〉(1984)를 언급하지 않더라도 수많은 신화는 시, 소설, 영화, 뮤지컬, 건축, 디자인 등 대중문화 속에서 끊임없이 확대 재생산되며 대중의 마음을 잠식해 왔다. 역사와 달리 신화는 이야기 자체가 환상적이고 재미있다. 보통 사람들에게 신화, 전설이 실제 역사보다 더 중요할 수 있는 이유다.

 "오디이프스, 나의 태양, 그대를 마셔도 될까요?"
 "자, 마셔요, 스핑크스. 당신이 쾌락을 담는 잔이라면 내 모두를 마셔 버려요."
 "붉고 깊게 파인 눈으로 당신을 삼킬게요. 그리하여 다시 당신을 낳을게요."
 오, 나는 이 냉혹하고 잔인한 짐승을 너무도 사랑하고 아끼지 심지어는 이

차가운 경멸까지도
그러나 내겐 오히려 그런 네가 더욱 견딜 수 없도록 아름답게 느껴지는구나
— 보들레르, 『나는 밤하늘 같은 너를 숭배한다』 부분

욕망을 자산이 아니라 위험한 것으로 간주하던 시대에 세기말 상징주의 화가들은 상체는 여자, 하체는 맹수인 스핑크스 신화에 깊이 매료된다.

클림트의 유토피아적 황금빛 〈키스〉도 feel so good!이지만 프란츠 폰 슈투크의 디스토피아적 〈스핑크스의 키스〉는 정말 feel so good! 그렇다면 왜 나는 저런 그림을 보며 쾌재(快哉)를 부르는 걸까? 곰곰 생각해 보았다. 첫째 내가 여자라서. 두 번째 남근주의에 억눌려 온 세대의 여자라서, 뭐 이렇게 갈피가 잡힌다. 맞다. 아직도 여자라서 중심에서 배제되는 경험칙이 이런 쾌재를 외치게 한 동력이었던 셈이다. 어찌 되었든 간에 시각 경험으로 그런 생각을 유발시킨 내면의 심리코드란 결국 '남성을 제압하는 저런 여자가 되고 싶다'가 아닐까? 탐스런 유방을 드러낸 스핑크스가 오이디푸스를 유혹한다. 나체에 엉겨 붙어 스물스물 관능을 밀어붙이는 여성 상위 자세가 결사적이다. 오랫동안 연마한 외로움을 세상에 보이는 거다. 생사를 건 이 혼몽한 순간에 "한 목소리를 가지고 있지만 아침에는 네 발이고 낮에는 두 발이며 저녁에는 세 발인 것은 무엇인가?"라는 질문이 들려온다. 임계점에서 정신을 차린 오이디푸스는 두 눈을 크게 뜨고 대답한다. "인간이다."

슈투크에 따르면 스핑크스는 이집트 라이오스 왕의 딸이었다. 테베의 암산 부근에서 오랜 세월을 고독하게 지낸다. 그러다 자신의 질문을 처음으로 맞춘 쾌남 오이디푸스에게 반해 격정적인 키스로 구애하는 장면이다. 이보다 더 독한 죽음의 키스를 본 적 있는가. 나는 이 광기를

보면 나도 모르게 기분이 후련해지면서 탁 트이는 해방감을 느낀다. 마음속 겹겹이 쌓여 있던 방어기제가 허물어지는 효과일 터다. 광기가 영감의 다른 이름이라 자위하면서…….

키스를 '먹다' '마시다' 로 표현한 것은 이미 고대 이집트에서부터였다. 스핑크스와 격정적인 키스를 나누는 오이디푸스는 이미 목숨을 내놓은 것

프린츠 폰 슈투크 〈스핑크스의 키스〉 1895

처럼 황홀경에 빠져 있다. 스핑크스를 두려워하면서도 그녀의 유혹에서 몸을 빼지 못한다. 치명적인 죽음을 껴안고도 결코 멈추지 못하는 쾌락의 힘. 이런 혐의가 건재하는 것은 새도 매저키스트인 남성들이 사악하다고 공격하면서 이 정열의 화신 앞에 복종하고 싶어 팜므파탈을 만들고 즐겼기 때문일 것이다.

여성 상위의 공격적인 키스를 21세기 여성에 대한 남성의 공포심이라 해도 되겠다.

키스에 엄격과 권위와 무관심은 없다. 이런 작품을 남길 수 있다는 것은 세상이 요구하는 사람의 반열에서 빗겨선 채 자기 자신이 되기로 결심한 사람들의 달란트에 의해서이다.

당신이 내게 입맞추기 전에는 오직 하늘의 바람과
부드러운 비만이 내게 입맞추었지요

페르난 크노프 〈스핑크스의 애무〉 1896, 벨기에 왕립미술관

이제 당신이 왔으니, 어찌 다시 그들의 입맞춤을
좋아할 수 있을까요?

나는 바다를 찾았고, 그녀는 바람을 보내 나를 만났지요
바람은 내 주위를 몰아치며 남쪽의 노래를 불렀어요
나는 당신이 내 입에 해 주신 성스러운
입맞춤을 지키기 위해 외면해 버렸어요

시인 새러 티즈데일(Sara Teasdal, 1884~1933)은 스핑크스처럼 낭송한다. 시(詩)에 빠진 스핑크스가 애완동물처럼 교태를 부린다. 그러나 왼쪽 앞발이 남자의 바지를 내리려고 하는 것으로 보아 자칫 비위를 거스르면 치명적 상처도 불사할 기세다. 연인의 얼굴에 자신의 뺨을 비비며 지그시

눈을 감고 있는 스핑크스는 에로틱한 욕망이 빚어 낸 환상적인 도착물이다. 치명적인 키스의 처음에서 환상적인 키스의 맨 끝까지 마음의 빗장을 풀고 연인의 촉촉한 향기를 마실 수 있다면 꿈에 젖어 비루한 세상사를 잊을 수 있겠다.

  모든 문화에 신화가 존재하는 것처럼 모든 사랑에는 키스가 존재한다. '키스'에 대해 "비생산적인 소비, 절멸의 축제, 무한의 낭비"라고 외쳤던 바타유가 있는가 하면, 인도의 『카마수트라』에서는 키스를 혀의 전투라고 묘사한다. 키스의 의미는 다양하다. 달콤 씁쌀의 이중성, 사랑과 배반의 이중성 등 키스를 하는 사람의 의도에 따라 그 변별력은 천차만별인 셈이다.

  똑! 똑! 누군가 나를 두드린다. 바람 키스~ 하실까요?

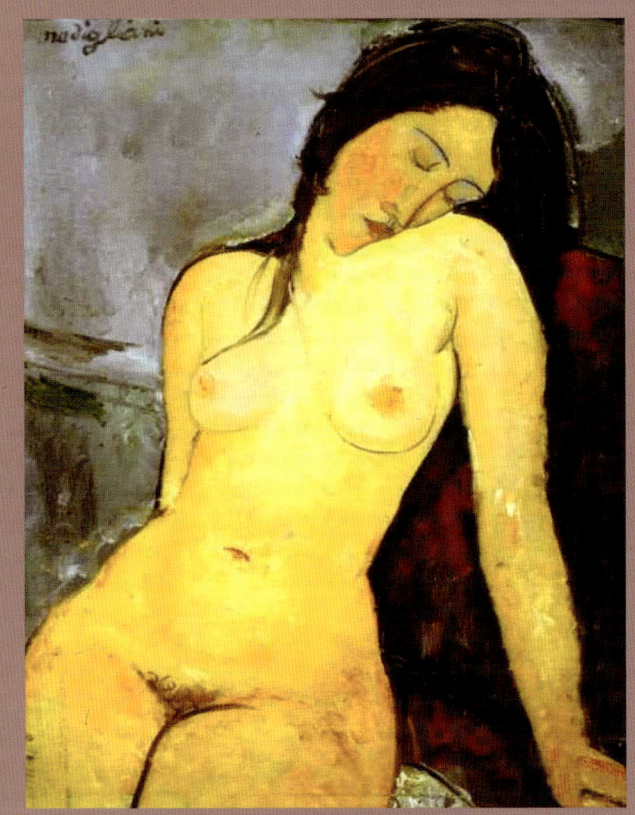

아메데오 모딜리아니 〈앉아 있는 나부〉 1916, 코톨드 미술관 영국

숨길 수 없는 아름다움

누구나 학교에서 올림포스 산의 남신들과 여신들에 대해 배웠고 그들의 그림이나 동상들을 본 적이 있다. 그중에 상처받기 쉽고 연인의 역할을 대표하는 페르소포네가 있다. 대지의 여신인 데메테르의 딸인 그녀의 영혼에는 '코레(kore)'와 여왕의 측면이 다 들어 있다. 코레는 이름 없는 처녀의 원형으로 자기가 누구인지, 자기의 욕망이나 매력이 어디에 있는지 모르는 시절이다. 무의식에 대해 감수성이 예민하고 자신이 마주치는 언어, 의식, 광기, 미래, 신비한 경험까지 친숙하게 느끼도록 해 주는 책임의 원형인 셈이다.

융의 집단 무의식이란 무의식의 한 부분으로, 독립적인 것이 아니고 일반적인 것으로서 누구에게나 통용되는 것이다.

각기 다른 문화에서 나타나는 신화들이 우리가 행동하는 방식과 인간관계에 영향을 끼치는 공통점을 갖는 것도 이 때문이다. 마찬가지로 세상의 많은 장르의 예술 작품들 역시 모든 인류사에 공통으로 들어 있는 원형의 유형을 각기 자신의 고유한 방법으로 표출한 것이다.

예술가들은 하나같이 꿈을 꾼다. 그리고 그 꿈으로 생을 영위한다.

꿈꾸는 사람은 어쩌면 지하실에 산다고 해야 옳을 것이다. 지하 세계의 여왕이자 안내자인 페르소포네는 자아에 기초한 현실 세계의 실재와 심리 세계의 원형적인 무의식 세계를 오가며 탁월한 능력을 보인다. 원형이 활성화될 때 그녀는 두 차원의 세계를 중재할 수 있고 그녀의 인격 속에 이 둘을 통합할 수 있게 된다. 페르소포네형 여성들은 버들가지 같은 심성을 가지고 있어 쉽게 순응하기도 하지만 어떤 여성들에게는 자기애가 또 다른 함정이 되기도 한다. 오직 자기 자신에 대한 생각으로 가득 찬 그들은 지나칠 정도로 자기 자신에게 집착해서 다른 삶과 관계를 맺을 능력을 잃어버리고 만다. 그녀는 상황을 바꾸어 자기 자신을 능동적으로 대처하는 대신 자신의 내면세계의 분노나 무관심을 차곡차곡 쌓아 놓는다. 그래서 소외감, 부적절함, 자아비판 등이 극도의 억압 상태를 유지하면 우울증이 더욱 심화되기에 이른다.

미술사에 전설처럼 전해 내려오는 모딜리아니(Amedeo Modigliani, 1884~1920)의 연인 잔 에뷔테른(Jeanne Hebuterne, 1898~1920) 역시 자기 자신에게 집착해서 심한 우울증에 사로잡힌 경우이다.

모딜리아니의 공식적인 첫 번째 연인은 그가 좋아하는 신곡에 나오는 이름과 동일한 영국 여류 시인 베아트리스 헤이스팅스다. 첫눈에 반해 버린 둘은 1914년부터 3년간 동거에 들어간다. 그러나 너무나 비슷한 취향과 성격 탓에 독한 술에 절어 지내며 격정적인 싸움이 그칠 날이 없었다. 견디다 못한 베아트리스는 그를 떠나고, 자존심 강한 그는 유대 관계가 원활하지 못하여 가난은 더해만 갔다. 비참한 33세의 그를 구원한 것은 잔 에뷔테른, 열네 살 연하 19세의 미술학도였다. 잔은 낭만의 프로방스. 그녀는 뮤즈의 영혼 그 자체였다. 신화의 피를 뒤집어쓰고 마치 자기 삶 속에서 아리아드네의 실을 뽑아내기라도 하듯 스스

아메데오 모딜리아니 〈누워 있는 누드〉 1917, 개인 소장   아메데오 모딜리아니 〈장밋빛 누드〉 1917, 개인 소장

로의 내부에서 아주 옛날부터 존재해 온 정신의 편린을 길어 올렸다.

　두 사람이 처음 우연히 만난 것은 파리 몽파르나스의 카페 '라 로통드'. 잔은 학교 수업이 끝나고 자주 들르던 그곳에서 깔끔한 코듀로이 재킷에 붉은 스카프를 두른, 그리스 조각 같은 화가 모딜리아니와 마주쳤다. 그녀는 모딜리아니의 모델이 되었고 영감을 주는 뮤즈였다. 유난히도 목이 긴 여인의 초상들은 도도하면서도 묘한 눈빛으로 자신을 매료시켰던 잔의 모습을 그린 것이다. "예술은 전부가 인간에게 바쳐진 사랑의 시."라고 말하는 그에게 예술의 원천과 안정을 준 시(詩) 같은 여인이었다. 그녀를 만난 후로 마약도 끊고 술도 줄이고 다툼도 줄었지만 가난은 여전했다. 겨울 난로에 장작도 구할 수 없었지만 모딜리아니는 그림을 그리고 있어 춥지 않다고 말하고, 모델을 해 주던 잔은 옷을 입지 않아도 춥지 않다고 말했다 한다.

　15세에 이미 화가를 꿈꾸며 미술학교를 다니기 시작했고 옷과 장신구를 직접 디자인할 만큼 예술적 재능이 뛰어났던 화가인 그녀에게 모딜리아니는 예술적 스승이기도 했다. 그러나 모딜리아니의 그늘에 가려 잔의 재능들은 창고에 수장되었다. 그럼에도 불구하고 잔에게 모딜리아니는 또 다른 매혹적인 자신이었다. 그림은 그 둘을 사랑하게 하고

아메데오 모딜리아니 〈알마이사 소파의 누드〉 1917   아메데오 모딜리아니 〈긴 머리로 기대인 누드〉 1917

둘을 맺어 준 고독의 치유제였으며 삶 충동이었다. 사랑의 실체가 아무 것도 아닌 바로 사랑 그 자체인 것처럼 매혹의 실체란 바로 매혹 그 자체인지도 모른다. 하지만 자아가 강했던 잔에게 방탕한 생활에 젖어 있던 나약한 모딜리아니의 모델, 아내, 정신적 후원자는 힘에 부치는 고행의 연속이었다. 그녀가 욕망하는 것은 그의 마음인데 언제나 그림은 마음을 다 담아내지 못했다. 자신보다 더 그를 사랑했던 잔이 그를 보살피는 동안 자신의 정체성이 점점 사라져 가고 있는 것을 모를 리 없었다. 여성 편력이 심했던 그는 잔과 함께 지내는 동안에도 다른 여자 모델들을 작업실로 끌어들였다. 잔은 그런 모딜리아니를 이해하기 위해 노력했지만 예술적 영감을 표현하기 위해 불가피한 것이라는 외면적인 이유만으로는 외로워져 가는 마음을 달래긴 역부족이었다. 그녀의 개성은 점차 움츠러들며 수동성은 점점 더 증대되고 감정은 거의 표출되지 않는 심각한 상태에 이르렀다. 딸, 애인, 엄마, 아줌마. 언제나 누군가의 그녀로 불렸던 슬픈 잔. 여기 모든 이름이 있었지만 정작 단 한 번도 '나' 또는 '화가'가 되어 보지 못한 그녀가 알몸으로 고백을 한다. 눈물 때문에 웃음이 나던 때, 그런 때가 있긴 있었다고.

자신의 일생에서 중요한 위치를 차지하는 사람이 자신에게 관심을 기울이지 않고 다른 일에 몰두할 때 보이는 거부 반응은 비단 아이에게만 나타나는 현상이 아니다. 남편이 성공적으로 집중하여 일할 수 있을 때에는 아내는 마치 그 일이 자신에게서 남편을 빼앗아 가는 경쟁자인 양 남편의 일에 반감을 가질 수 있다. 하지만 잔은 반감을 억압하느라 투사할 시간이 없어 자신이 소멸되어 가고 있음을 잘 알고 있으면서도 어떤 대안조차 상상해 내지 못했다. 그가 없는 세상은 아무 의미가 없다는 것을 그녀 자신은 너무나 잘 알고 있었기 때문일 터.

두 사람은 몽파르나스 작업실에서 생활하다 결핵을 앓던 모딜리아니의 병세가 악화되자 니스 해변가로 요양을 간다. 그곳에서 본격적으로 둘만의 시간을 가지며 많은 작품을 남긴다. 둘 사이에 딸 잔이 태어날 무렵 그의 그림도 활짝 꽃피었다. 그의 윤곽선은 점점 더 세련되게 다듬어졌고, 색채는 더욱 섬세해졌다. 사랑하는 아내의 이름을 따서 이름 지은 잔이 자라고 생활고에 쫓기게 되자 모딜리아니는 다시 방탕한 생활에 빠져들고 점점 괴팍한 성격으로 변해 결국 파리로 돌아온다. 하지만 이미 그의 건강 상태는 돌이킬 수 없이 악화된 상태였다.

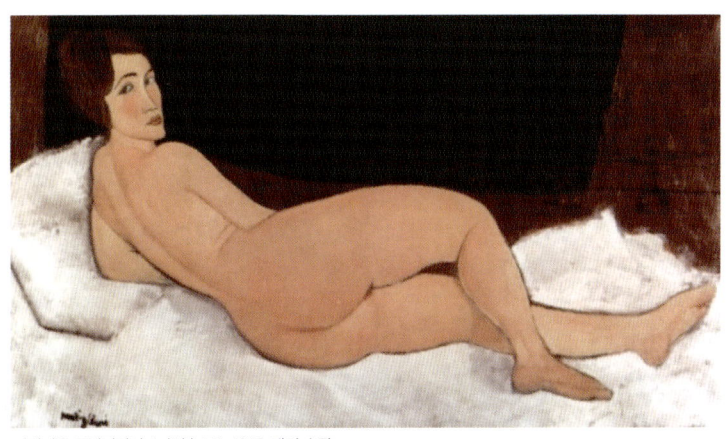

아메데오 모딜리아니 〈여신 누드〉 1917, 개인 소장

그의 불안과 분노는 잔에게도 영향을 미쳤다. 하루하루 다가오는 남편의 죽음을 준비하며 잔은 유언처럼 〈자살(Le Suicide)〉이란 작품을 남긴다. 그 안에는 극에 달했던 그녀의 불안한 심리가 고스란히 담겨 있다.

"천국에서도 당신의 모델이 되겠어요."라는 말을 남긴 채 모딜리아니가 죽은 지 이틀 만에 창문에서 몸을 날려 뱃속의 두 번째 아이와 남편과 함께 파리의 묘소에 나란히 묻혔다. 그녀에게 그는 자신이었고 상처투성이인 그녀의 또 다른 자아였던 것이다.

1. 사랑
캔버스에
당신의 알맞은 온기와 바라보기 좋은 눈빛과
내 높이에 꼭 맞는 긴 목과
우수에 찬 분위기를 그립니다
머리카락 곱게 늘어트려 내 어깨에 잠드는
당신

2. 죽음
사랑스런 저녁별
나의 이그드라실, 당신 잘 있지요
수많은 여인들을 배신하게 하고
당신의 신성한 보호를 받았던 나의
마지막 인사를 받아 주오
나에게 가장 아름다운 빛을 건네준 별, 당신에게
아득하여 닿을 수 없는
지상의 사랑을 전송하게 되는 마지막 행복

3. 다시 사랑

온갖 지붕들이 한눈에 내려다보이는

니스의 창밖으로 뛰어내려

천국에서도 나의 모델이 되기 위해 맨발로 걸어온

당신

이제 나는 하늘의 축복을 받은

당신의 순결한 날개와

당신의 순정한 물방울과

당신의 달콤한 목소리를 섞어 물감을 풀어도 될·까·요?

—윤향기, 「To. 잔 에뷔테른-당신, 그려도 될까요? From. 모딜리아니」

이제는 아무렇지도 않은 듯, 눈가에 가득 잔주름을 만들며 웃고 있겠죠. 갈맷빛 하늘이 서서히 밝아진다. 갈맷빛이 실핏줄처럼 그대 눈의

아메데오 모딜리아니 〈엎드린 누드〉 1917, 개인 소장

지하에 스며들 때면, 내 몸속의 피도 다른 색으로 흐르는 것처럼 느껴진다. 나의 격정, 나의 기억, 나의 사랑이, 나를 잊어버린 채 오래전의 나를 서성거린다. 그럴 때면 문득 그대의 그림이 보고 싶어진다. 어쩌면 시간이란 흐르는 게 아니라 쌓이는 것이라죠? 그래요, 그래서 그대 그림 위에 물감도 세월만큼 쌓여 있겠죠. 다시 그 시간으로 돌아가면 그 시간의 그대와 마주 보며 앉아 차를 마시고 있나요. 아님 그 시간의 그대와 손잡고 앉아 유리창에 떨어지는 빗소리를 듣고 있나요. 어디로도 그대는, 나의 그대는 가 버린 게 아니었다. 사라지지도, 떠나지도, 죽지도 않았다. "거긴 지낼 만한가요? 빗소리는 여전히 들을 만한가요?"

"사람들은 말한다. 사랑이 행복이라고. 하지만 사랑은 행복을 가져오지도 않고 가져온 적도 없다. 진정한 사랑이란 엑스터시와 고통으로 이루어져 있다."는 코엘료의 수사는 에로스와 타나토스를 한 몸으로 지고 간 그녀에게 가장 어울리는 수사인지도 모르겠다.

두려움에 떨며 비명을 지르는 뭉크의 그림과 고독하고 거친 지방과 물컹물컹한 살에 중독된 루시앙 프로이드의 누드도 있지만 모딜리아니는 누드를 통해 꿈의 세계와 현실 세계가 서로 충돌 없이 조화를 이루고 있다. 이 영적인 감각의 균형 뒤에는 에뷔테른이라는 자신의 모델인 아내가 있었기 때문이다.

보헤미안적 생활을 하면서 모딜리아니는 멕시코에서 온 리베라, 소련에서 온 수틴, 자크 립시츠, 키슬링, 막스 자콥과 주로 어울려 다녔다. 캔버스 살 돈이 없어 캔버스의 앞과 뒤 양면에 그림을 그리고 물감도 절약했던 때였다. 그런 와중에 그가 파리에서 얻은 것은 P. 세잔의 엄격한 조형성과 불필요한 세부를 떼어내 버리고 대상을 기하학적으로 파악하는 입체주의의 미학이었으며, 아프리카 흑인 조각의 영향으로 모딜리아니는 조각을 하고 싶어 했지만 돌을 살 돈이 없었다. 그리하여 토스카나의 조형적 전통으로 이어지는 그의 이런 고전적

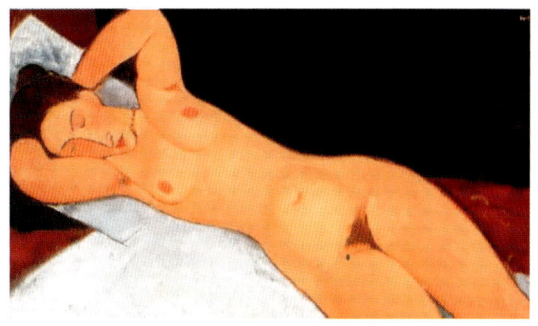

아메데오 모딜리아니 〈목걸이를 한 누드〉 1919

기질은 유별나게 유려한 선의 표현으로 그려진 초상화에 많이 나타나고, 그 다음이 나부상(裸婦像)이다. 특히 아프리카의 원시 조각상에 영향을 받은 그는 긴 목의 애수와 관능적인 여인상의 그림을 많이 그렸다. 단순하게 데포르메(歪形)된 형태와 정묘한 색조는 그의 시인적 자질과 어울려서 애조를 띤 독특한 화풍을 만들었다. 파리의 전위예술계 외에는 거의 알려지지 않았던 모딜리아니는 살롱 전에 거의 참여하지 않았기 때문에 1917년 베르트 베유의 화랑에서 열었던 전시회가 그의 유일한 개인전이었다. 그 개인전마저 중간에서 막을 내렸는데 그 이유가 "이 쓰레기 같은 것들을 당장 치우시오." 즉 누드가 원인이 되었던 것이다. 거기에 덤으로 그는 감옥행도 경험하게 되었다. 그런 자료들을 모아 후일 미술사가가 된 딸 잔이 모딜리아니 연구의 기초가 될 수 있는 평전 『모딜리아니라는 남자의 신화』를 출간하였다.

눈동자가 있든 눈동자가 없든 위의 그림들은 하나같이 100여 년쯤이란 긴 세월을 걸어 나에게 왔다. 나는 대지의 여신 데메테르가 되어 그녀를 두 팔을 벌려 껴안았다. 상처받기 쉬운 연약한 연인의 역할을 대표하는 페르소포네 역을 담당했던 에뷔테른의 슬픔이 박하처럼 내 이

아메데오 모딜리아니 〈잠자는 누드〉 1919, 현대 미술관 뉴욕

마를 싸~하게 훑고 지나간다. 그녀의 영혼에는 신화 속 여왕의 측면은 사라진 지 오래 오직 '코레(kore)'의 측면만 남아 있다. 그러나 나는 그녀의 영혼을 눈여겨본다. 그녀의 몸에서 아주 엷은 미묘한 먼지 냄새 같기도 하고, 풀잎 냄새 같기도 한 어둡고 푸른 비린내를 맡는다. 그 냄새는 치유의 냄새 같기도 하지만 죽음의 냄새와도 다르지 않다. 그런 냄새들이 부유하는 긴 목의 표정 없는 얼굴에는 외로움의 고도만 드리우고 있다.

　화가와 모델 간의 인간적 교감은 눈동자가 빠진 그림으로 아니면 눈동자를 한쪽만 그리거나 몽롱하게 꿈꾸는 표정으로 나타난다. 그래서

인지 사람들은 그와 그녀 사이를 무한히 점령하고 있는 그의 작품을 보면서 문득 왼쪽 가슴 아래께에 온 통증 같은 화려한 거짓말에 몽롱해진다고들 한다. 이렇게 하여 모딜리아니를 사랑했던 잔은 '목이 길어 슬픈 여인' 이라는 그만의 캐릭터를 완성시키는 원천이 되었으며 각 작품을 향한 생명의 응시와 고독한 영혼의 소리는 거미줄에 맺힌 영롱한 이슬방울처럼 아침을 노크하는 것이리라. 장 콕토는 모딜리아니의 데생에 대해 이렇게 칭찬했다.

"모딜리아니의 데생은 최고의 엘레강스이다. 그는 우리들 모두의 귀족이다. 마치 유령의 선(線)처럼 보이는 핏기 없는 그의 선은 결코 서투름에 빠진 적이 없다. 그의 선은 샴고양이의 부드러움으로 서투름에서 벗어난다. 모딜리아니는 얼굴을 길쭉하게 늘여 놓기도 하고, 불균형을 강조하기도 하고, 눈을 도려내기도 하고, 목을 길게 늘여 놓기도 한다. 이런 모든 것이 그의 눈과 혼과 손에 의해 재구성되는 것이다. '라 로통드' 카페의 테이블에 앉아 쉼 없이 사람들의 얼굴을 그리면서(아직 세상에 알려지지 않은 많은 초상이 있는 것이기에) 그는 사람들을 판단하고, 감지하고, 사랑하고, 또 비난하기도 한다. 그의 데생은 말없는 대화인 것이다."

안데르스 소른 〈전원스튜디오〉 1918

세계의 기원

눈처럼 하얀 언덕 그리고 하얀 허벅지
몸을 내게 내맡기고 누워 있는 그대를 보면
나는 그대가 하나의 세계처럼 보이네
거친 농부의 몸과 같은 내가 그대 품속으로 파고들면
대지의 심연으로부터 솟아난 한 아이가 오네(……)

나는 그대를 사랑하네
그대의 벗은 몸

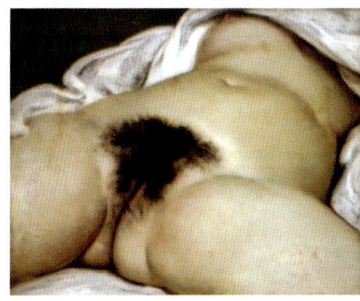

귀스타브 쿠르베 〈세계의 기원〉 1866, 오르세 미술관

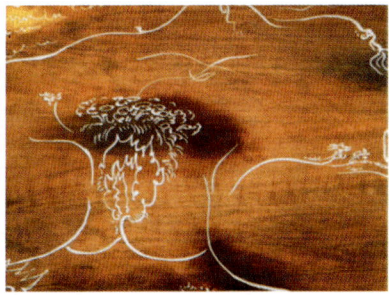

라캉이 쿠르베의 〈세계의 근원〉을 가리기 위해 덮개로 걸쳐 놓았던 앙드레 마송의 작품

그대의 습한 몸

열정에 들뜬 몸

그리고 굳어 버린 젖가슴

오 술잔인 그대 가슴이여

공허한 그대의 눈이여

오 그대 은밀한 곳의 장미꽃들이여

느리고 슬픈 그대의 목소리여

(······)

—파블로 네루다,「한 여자의 몸」부분

미모가 권력인 시대다. 외모가 스펙인 시대다. 이런 외모 중시 풍조 현상에 대해 뉴욕타임스의 칼럼니스트 윌리엄 새파이어는 신종어인 루키즘(Lookism)을 사용한다. 루키즘은 외모로 사람을 차별하는 2000년대의 새 풍속도이다. 온몸에 막강하게 투입하는 보톡스에서부터 목숨을 걸고 전신의 살과 뼈를 깎아 내는 기법까지 총망라한다. 한국 여성의 70% 이상이 외모가 인생을 좌우한다고 생각한다는 결과가 나왔다. 물론 남성도 예외는 아니다. 구매력을 쥔 여성들이 그 권력의 시선으로 남자의 몸을 공공연히 서열화시킨다. 여성들의 관음의 대상이 된 남자들의 몸은 초콜릿 복근, 식스 복근 하면서 여성들의 상품이 된다. 좀 더 나은 상품이 되기 위해, 그 미를 위해 몸에 칼을 대는 행위가 더 이상 금기가 아니다. 그럼에도 불구하고 쿠르베의 〈세계의 기원〉에는 그 경쟁력인 얼굴이 없다. 얼굴 대신 여성의 음부를 인류의 기원으로 본 작품이 쿠르베의 〈세계의 기원〉이다. 이 작품은 여자의 얼굴과 육감적인 육체는 생략한 채 도발적인 자세로 두 다리를 벌리고 누워 있는 여자의 음부에 초점을 맞춘다. 화면 대부분을 차지하고 있는 여자의 검은 음부는 흰색의 옷 때문에 더욱 강조된다.

3만 5천 년 전 구석기시대의 조각품들은 하나같이 풍요와 다산을 나타내는 부적이다. 이 모든 상징은 어머니에서 시작한다. 그리스 신화를 최초로 체계화시킨 헤시오도스 역시 가이아(Gaea, 대지모신)를 신의 계보 맨 앞에 놓았다. 이 여성 원리는 대양—강물—호수—샘물—달—바구니—컵 등은 여성 상징물로 받아들이는 자, 운반자, 생명을 주는 자, 보호자, 양육자의 의미를 지닌 로젠게(Lozenge) 형상은 생명 매트릭스, 음문, 비옥함을 상징한다. 인류는 이 음문을 통한 섹스로 영원히 이어진다. 여성의 음부를 인류의 기원으로 본 첫 작품이 쿠르베의 〈세계의 기원〉이다. 에로틱한 그림을 수집하고 있던 파리 주재 터키 대사 칼릴 베이가 세상에서 가장 외설스러운 그림을 그려 달라고 주문했기 때문이다. 수천 년의 금기를 깨부수고 인류의 출생지를 관능적으로 그린 이 혁명적인 작품은 그 뒤 카릴 베이의 품을 떠난 끝에 1955년 세계적인 성의학자이며 철학자인 자크 라캉의 소유가 된다. 자크 라캉은 그림의 안전을 못내 염려한 나머지 초현실주의 화가 앙드레 마송에게 덮개 그림을 주문해서 위장을 했다. 그가 오르세 미술관에 이 작품을 기증, 130년 만에 세상에 나오게 되었다. 그림의 문이 열리자 당신의 오후도 문을 열고 신화 한 편을 본 것이다. 사랑? 한 번의 느낌! 평생의 물음!

'바기나 덴타타(Vagina dentata)' 이 말은 여성의 성기를 뜻하는 '바기나'와 이빨을 뜻하는 '덴타타'가 합쳐진 라틴어다. 즉 '이빨이 달린 성기'라는 의미다. 서양의 신화에 종종 나오는 이 단어는 가부장제 속의 남성들이 갖는 거세(去勢)에 대한 공포를 상징하기도 하고 보수적인 사회에서 성적인 억압을 강요하기 위한 도구로 쓰이기도 했다.

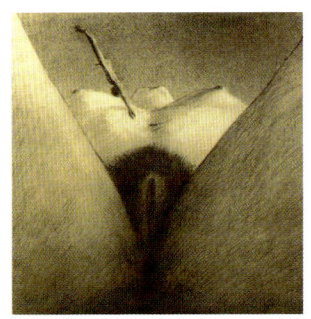

알프레드 쿠빈 〈죽음을 향한 도약〉 종이와 펜 1902, 개인 소장

미첼 리히텐슈타인이 감독한 영화 '티스(Teeth, 2007)'는 북미 인디언 부족의 신화 속 이야기에서 출현하던 이빨 달린 여성의 성기 '바기나 덴타타'가 발칙한 상상력으로 재무장하여 출발한다. 프로이트와 라캉은 여성의 성기를 거세된 성기로 겹핍의 상징으로 상정하는데 비해 영화에서는 반대로 남성 성기를 거세하는 세력으로 남성들이 정복해야 할 공포의 대상으로 등장시키는데 묘미가 있다. 예로부터 여성의 성기는 남성들의 욕망의 대상인 동시에 공포의 대상이기도 했다. 그 공포 때문에 혐오하면서 극복해야 할 대상으로 취급했다. 남성 성기는 세심하게 전체를 그리고, 여성 성기는 지옥의 심연처럼 그리다 만 레오나르도 다 빈치의 그림을 보아도 알 수 있다.

정액 성분이 난소암 세포를 죽이는 효과가 뛰어나다는 최근 가톨릭대 강남성모병원 산부인과팀의 연구 결과가 화제가 되고 있다. 새삼 "섹스가 그렇게 건강에 좋다는 말인가!"라는 경탄을 자아내고 있다. 지금까지의 연구 결과에 따르면 섹스는 대략 10가지의 건강상 혜택을 주는 것으로 요약된다.

최고의 보약! 섹스! 섹스가 보약인 10가지 이유

① 혈액순환에 도움―콜레스테롤 낮춤
② 한 번에 200~400kcal 소모―다이어트 효과
③ 근육의 긴장 풀어줌―통증 완화
④ 글로블린A 분비 증가―면역 기능 강화

⑤ 1주일에 3번 이상―뇌졸중 예방

⑥ 에스트로겐 분비 활발―피부 미용 효과

⑦ 뇌 자극―노화 · 치매 · 건망증 억제

⑧ 전립선 보호―전립선암 · 염증 예방

⑨ 정기적 섹스―여성 자궁 건강

⑩ 따뜻한 사랑의 감정―우울증 치료 효과

그루진 언덕 위에 밤의 어둠이 누워 있다

내 앞에는 아라그바 강물이 흐른다

나는 우울하고 편안하다

나의 슬픔은 빛난다

나의 슬픔은 너로 가득하다

너로, 하나뿐인 너로……

(……)

―알렉산드르 세르게예비치 푸쉬킨, 「그루진 언덕 위에」 부분

여자의 성기는 생명이 잉태되는 성소다. 인류 존재의 시작이다. 그런 성스럽고 성스러운 장소임에도 불구하고 옛날부터 여자의 성기는 남자의 성기에 비해 부끄러워 꽁꽁 숨겨야 하는 강박적인 죄의식으로 전락시켜 천대받았다. 그런 남근주의 사회에서 남성 위주의 편협한 미술사는 어떤 방법으로든 여성의 자아 인식 기반을 굴절시켜 왔다. 그러나 끌림 · 들림 · 홀림 · 울림이 있는 이 성적 장소애에는 상처뿐인 여성 정체성이 페미니즘 차원을 넘어 어느새 앤드로디지더(androdigyder: androdigynous + digital + leader, 디지털로 사고하고 양성적으로 리드하는)가 필요해진 시대까지 와 버렸다.

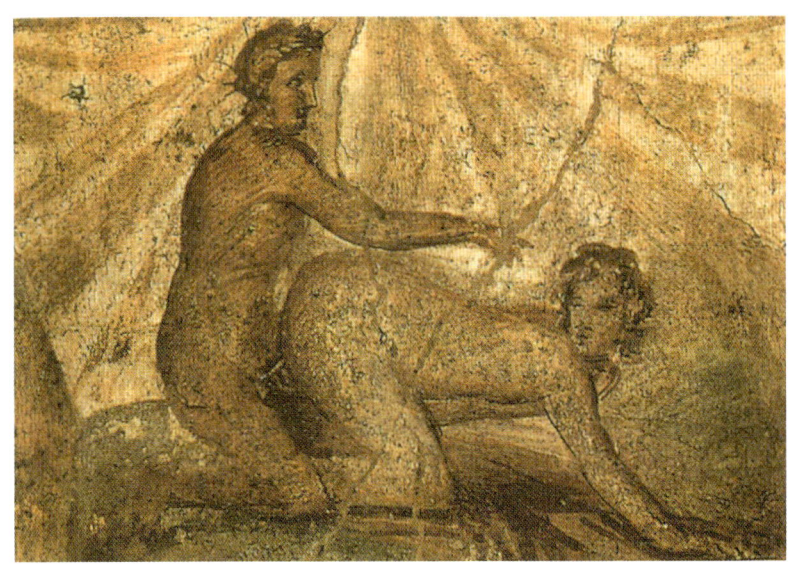
폼페이 벽화 〈고대의 에로스〉 이탈리아, 인간 최초의 체위

    미국 진화 심리학자 데이비드 버스가 텍사스대 남녀 학생 1,549명에게 '섹스를 하는 이유'를 물었다. 남녀 모두에게서 '그 사람에게 끌렸다' '황홀한 느낌이 좋다' '육체적 쾌락을 경험하고 싶었다'는 답이 1~3번째로 많았다. 그러나 50위까지 답변 중에 '아이를 갖고 싶어서'는 남녀 어느 쪽도 없었다. 당근 아닌가? 학생이 아니고 결혼한 커플들이라면 좀 달라졌겠지.

    한밤 짐승이 되어 울까
    눈물 가득 꽃이 되어 울까
    광야에 웅크려 하늘을 본다
    몸은 지상에 묶여 있어도
    마음은 하늘에 살아야지

이 가지 저 가지 헤매며 바람으로 울어도

영혼은 저 하늘에 별로 피어야지

절망으로 울던 마음 그 가난도

찬연한 아픔으로 천상에 빛나야지

광야에 웅크려 다시 하늘을 본다

마음 잎새에 빛나는 별빛이

눈물 가득 꽃이 되어 울까

—이성선,「몸은 지상에 묶여 있어도」

『감각의 박물학』에서 다이앤 애커먼은 냄새에 대해 다음과 같이 말한다. 한 사람의 인생에서 단 2번(시작할 때와 끝날 때)을 제외하고 호흡은 늘 쌍으로 이루어진다. 그 사이 매일 인간은 2,340회 호흡하고 12입방미터의 공기를 마셨다가 내뱉는다. 한 번의 호흡에는 약 5초가 걸리고 그때 냄새 분자들이 몸속으로 들어왔다 나간다. 냄새는 당신을 뒤덮고 당신을 둘러싸고 몸으로 들어온다. 당신은 냄새를 풍긴다. 몸은 당신을 담는 그릇이다. 몸은 당신 자아를 담기도 하고 당신 자아 자체이기도 하다. 작품에 드러나는 작가의 대상에 대한 생각이 중요한 것은 현대에 사는 우리들에게 그대로 그 시대의 사유가 전유되기 때문이다.

여름철 해 질 녘에 시골길을 걷다 보면 굴뚝에서 나온 저녁연기가 길모퉁이에 나직하게 깔리면서 끊임없이 냄새가 밀려온다. 낙엽 타는 냄새, 짚 타는 냄새, 생솔 가지 타는 냄새, 왕겨 타는 냄새 등. 낯선 여행지에서 새로운 냄새를 만나는 것도 좋지만 이렇게 낯익은 냄새를 만나는 것은 여행의 큰 즐거움이다. 즐거움을 위해서가 아니라 오직 먹을 것을 찾아 여행했던 인류의 조상들에게 냄새는 필수였다. 지금도 인디언 부족들은 냄새로 모든 것을 알아맞춘다고 한다.

누구에게나 향기에 얽힌 추억이 있다. 인간의 기억 중 가장 끈질기게 가는 것은 냄새에 대한 기억이다. 향은 물에 용해되지 않으면 맡을 수 없다. 물에 풀어지는 순간 방향감각으로서 점막에 흡수되기 때문이다. 냄새 감각은 진화 초기 아직 바다에 살던 시절의 아련한 유물이다. 당신 안에, 내 안에 바다가 있고 우리의 핏줄들은 아직도 조류를 흉내 내고 있다.

하늘의 무지개를 바라볼 때마다
내 가슴은 설레느니
내 어린 시절에 그러했고
다 자란 오늘에도 매한가지
쉰 예순에도 그렇지 못한다면
차라리 죽음이 나으리라

―윌리엄 워즈워스,「무지개」

보들레르의 시집 『악의 꽃』(1857)이 지금은 걸작 대접을 받지만 당시엔 풍기 문란죄와 공중도덕 훼손죄로 기소되었다. 제임스 라버는 책 『취향과 패션』에서 "유행을 10년 앞서면 '추잡한'이 되고, 5년 앞서면 '뻔뻔스러운', 1년 앞서면 '과격한', 현재는 '보기 좋은'이 된다. 반면 시대보다 1년 지나면 '촌스러운', 10년 지나면 '끔찍한', 20년 지나면 '재미있는', 50년 지나면 '고풍스러운', 100년 지나면 '낭만적인', 150년 지나면 '아름다운'이 된다."고 말한다. 그렇다면 『악의 꽃』이 나온 지 어느새 156년이나 되었으니 '아름다운 걸작'이라 말해야 옳을까?

자나로프의 조각 〈레다와 백조〉나 예이츠의 시 「레다와 백조」는 수

이고르 자나로프 〈레다와 백조〉 년도 미상

간에 대한 인간의 궁휼한 시선이다. 학습된 감각이 아닌 것은 분명 변종임을 알리는 알레고리, 맞다. 아니다. 제우스가 과연 생식을 위한 11분간의 섹스를 했을까? 절대 그렇지 않을 것이다. 그의 섹스 목적은 환타지이지 종족 보전이 아니기 때문이다. 섹스로 히트곡을 남기고 싶다면, 섹스의 엑스터시에 빠지고 싶다면, 이 작품처럼 당신의 천국을 경험하기 전에 상대방의 천국엘 먼저 들어가야 한다. 그 기쁨의 소중함을 맛본 다음에서야 상대방의 천국으로 동행하면 된다. 그런 후에 다음 시 같은 아드레날린을 얻는다면 충분하지 않겠는가.

미국 인류학자 헬렌 피셔는 사랑을 정욕(lust), 애정(attraction), 애착(attachment)으로 구분한다. 인류 진화의 산물은 뇌의 산물이기도 하다. 낭만적 사랑으로 불리는 애정은 한 번에 한 사람에게 구애를 집중시키는 역할이다. 애착은 한국의 '정'과 흡사한 의미다. 사랑이 이 단계를 거치면서 식는 것은 의심할 필요 없는 진화의 결과라고 주장한다. 당신은 사랑을 몇 단계로 나누어 실행하고 있나요?

오른쪽 그림은 그리스 로마 신화의 한 장면을 코믹하게 표현한 불륜 장면이다. 불카누스는 아내 비너스가 전쟁의 신 마르스와 바람을 피우고 있다는 이야기를 전해 듣고 질투심에 사로잡혀 한걸음에 달려왔다. 무능한 남편은 의혹의 눈초리로 비너스의 허리에 걸쳐져 있는 침대 시트를 들추어 본다. 비너스는 당당하게 시트를 들어 올리고 있다. 오른쪽 중간 지점에 갑옷을 입은 채 탁자 아래로 몸을 숨긴 마르스의 두 뺨이 유난히 붉다. 정사의 열기가 아직 사라지지 않은 것이다. 그러나 비너스 침대 밑에 있는 개가 마르스를 보고 짖고 있어 안심할 수는 없는 상황이다. 들키기 직전이다. 화면 뒤 벽에 있는 거울을 보라. 침대에서 사랑을 한참 나누고 있던 순간이 정지되어 있다. 두 사람의 현재진행형인 불륜 상황을 암시한다.

사랑에 빠진 사람들의 뇌는 다르다. 낭만적 사랑에 빠지면 약물, 도박에 빠진 사람들과 마찬가지로 도파민과 노르에피네프린의 수치는 높아지지만 상대로 강박장애자들과 비슷하게 세레토닌 수치는 낮게 나타난다. 따라서 한 사랑에게 깊이 몰입해 있을 때 연인에게 집착하는 현상이 일어나게 되는 이유이기 때문이다. 그래서 짝짓기 전문가들은

야코포 틴토레토 〈비너스와 마르스를 놀라게 하는 불카누스〉 1550~1555, 뮌헨 피나코텍 미술관

사랑에 성공하려면 거짓말과 자기기만에 익숙해지도록 짝짓기지능지수(MQ)를 높여야 한다고 주장한다.

제가 그리웠나요?
어서 달려와 키스해 주세요
제 상처는 마음에 두지 마세요
절 안아 주세요
입맞춰 주세요
나의 주스를 핥아 주세요
당신을 위해 요괴의 과일에서 짜낸 과즙을
저를 먹어요. 마셔요. 사랑해 줘요
저의 전부를 가져요

저는 당신을 위해 험한 계곡 건너왔어요

요괴 상인과도 거래를 했어요

— 크리스티나 로제티, 「사과」

위스키 〈올드파〉

세기적인 전설로 남은 남성성으로 아일랜드의 '토마스 파(Thomas Par, 1483~1635)'가 있다. 평생을 농부로 살았던 그는 82세에 처음 결혼하여 1남 1녀를 두었고 122세에 45세의 여성과 재혼한 후 152세에 영면하여 평민으로는 처음으로 영국의 웨스트민트 사원에 묻혔다. 이러한 그의 장수 비결에 따라 위스키 '올드파'의 모델로 그려졌다. 토마스 파보다는 조금 미약하지만 스페인의 피카소(1881~1973) 역시 막상막하였다. 성생활에서 두려울 것이 없던 그는 섹스와 20세기 회화를 동일시했다. 그는 고전주의 회화가 지향하던 원근법을 큐비즘이라는 새로운 시점으로 바꾸어 5만여 점의 작품을 남겼다. 그중의 한 작품이 〈고등어〉다. 어떻게 자신을 고등어로 변신시킬 생각을 했을까? 치명·발칙·변태 열매를 한 웅큼 집어 삼킨 저 모습, 때로는 한 장의 그림이 구구절절 설명하는 것보다 더 많은 것을 이야기한다. 그는 한 여자를 만날 때마다 온갖 정성을 다해 육체에 사랑을 불어 넣었다. 엑스터시를 안겨 주려는 그의 이러한 황홀 전략에 숨이 막힐 것 같은 전율을 느끼며 여자들은 진정한 여인으로 거듭났다.

그러나 그는 인간인 토마스 파보다도 강간의 제왕신인 제우스를 더 부러워한 모양이다. '못난 것도 또 다른 아름다움'이라고 역설했던 비법으로 보아 자신이 한눈에 꽂힌 여자에게 다가갈 때에는 어떤 이유도

필요없었던 것이다. 오직 당김의 법칙만 허용된 것이다. 아무렴 그래서 피카소도 몸을 바꾼 것이리라. 이렇게 여자만 보면 달려가는 수컷이 있는가 하면 최근 일본에는 한 시간에 6만 5,000원을 주고 여자와 껴안고 잠만 자는 수컷들이 늘고 있다고 한다. 영국 일간 데일리메일은 일본에 최근 새로운 전문점 '껴안아 가게' 가 생겼는데, 섹스를 하지 않고 여자와 껴안거나 바싹 다가서서 같이 잠을 자는 가게라는 것이다. 기이한 소녀 카페와 란제리바가 많은 도쿄 아키하바라에 생긴 이 가게는 섹스는 하지 않고 단순히 잠만을 자기 원하는 남성들을 위해 만들었다. 금기된 소재로 지탄받았던 검은 음모에 덮여 있는 저 위대한 생산의 집, 나이 어린 정부의 하얀 레이스 식탁 위에 빵 대신 배달되던 한 바구니의 찬란한 별, 지금은 편안하실까? 하루하루 지나간 팔만팔천 개의 일들이 일식처럼, 혹 잊혀 갔을까?

20세기 후반으로 오면서 친밀한 대중적 아이콘이 된 몸! 권력이 된 몸! 그러나 과거 종교에서 뿐만 아니라 사회 문화 제반에서는 여성은 부정하다는 생각을 고스란히 물려받았다. 그리하여 여성이 월경이나 출산하였을 때 악마적 특성을 덧씌워 종교적 활동을 금지시켰다. 남근 사회를 유지시키기 위한 성적 억압으로 인해 알몸은 더더욱 상상조차 할 수 없는 영역이었다. 옛 여인들은 여자로 태어나는 순간 '무제' 가 되었으며 결혼과 동시에 '가제' 가 되었다고? 아니다. 네팔 더발광장에 있는 고대 목각인 〈바산타푸르 탑〉을 보라. 이처럼 무구하게 자신의 성소를 펼쳐서 만인이 나온 길을 하염없이 가리켜 주고 있는 여신을 본 적이 있는가? 나오는 순간 나온 길은 잊어버리고 오직 들어갈 길만 찾아 평생을 헤매는 이여! 인도의 에로틱 사원인 카쥬라호에도 다양한 섹스 체위는 전율을 일으키지만 이런 모습은 없다. 천천히 보라 방금 따

네팔 고대 목각 〈바산타푸르 탑〉 더발광장

뜻한 당신이 나온 바로 그 성스러운 옥문이다.

70년대부터 미국의 페미니스트인 베티 도슨 역시 여성들의 성기란 다양할 뿐만 아니라 '아름다운 성소'라고 주장했다. 여성의 성해방을 위해 여자들의 성기 사진을 전시하고 당당하게 성적 자유를 찾기를 바랐기 때문이다. 이 말은 여성 스스로 자신의 성기에 대해 '잘려진 남근'이라는 남자가 만들어 놓은 부정적 의식을 버리고 자신의 삶을 사랑하는 '셀프 운명' 즉 여성적 정체성을 확립하고 주도적인 삶을 살아갈 수 있다는 말에 다름 아닌 것이다.

하루하루 태어났으나 한 번도 태어난 적 없고

매일매일 죽었으나 여태껏 죽은 적이 없고

친부모와 친형제조차 가진 적이 없는

나는

빛과 소리의 경계에 너로 존재하다가

낮과 밤의 울타리를 넘는 피투성이로 현존하며

모든 것을 마시되 모든 것을 뱉어 내야 하는

죄악도 미덕도 없는

나는

―윤향기, 「생과사」

미국 생물학자 앨프레드 킨제이는 『킨제이 보고서』(1948)에서 '선교사 체위'라는 말을 처음 사용했다. 무슨 말이냐 하면 섹스할 때 남자가 여자 몸 위로 올라가는 '정상 체위'를 서양에서는 '선교사 체위'라 불렀다는 것이다. 해외 선교사들이 그곳 원주민들에게 정상 체위로 사랑을 하

톰 웨셀만 〈위대한 아메리칸 누드 NO 91〉 1967, 뉴욕 시드니 재니스 갤러리

다 들켰기 때문에 신기한 그 모습을 본 그들은 보름밤에 벌이는 향연에서 이를 놀리며 즐거워했다는 것이다.

Crazy Town의 노래 「Butterfly(Come My Lady)」로 시작되는 낸시 마이어스 감독의 영화 〈사랑할 때 버려야 할 아까운 것들〉(2003)에서는 한때 '선교사 체위'로 사랑하며 젊은 여자만 밝히던 찰스(잭 니콜슨)는 결국 중년의 애인(다이엔 키튼)에게서 진정한 사랑을 느끼게 된다. 노래를 달콤하게 흥얼거리며~

Come my lady~

Come come my lady

you're my butterfly

Sugar~baby~

(……)

Come and dance with me~

프랑스 여자는 남자 친구를 왜 몽 프티 슈(나의 작은 양배추)라 부르고 미국 남자는 여자 친구를 쿠키라고 부를까? 작은 양배추로 불려도, 쿠키라

불러도 인간은 누구나 불안하다. 수시로 흔들리고, 때때로 절망하며 누구나 겪는다. 당신도 나도 불안하다. 그래서 사람들은 사랑을 찾고 사랑에 목숨을 걸며 사랑에 집착하는 것이다. 그러니 함께 노래하고 춤추고, 힘들 땐 서로 손잡고 조용히 누워 눈을 맞추는 그런 사랑을 해라. 당신이 내 어깨를 툭툭 치며 '괜찮아'라고 말하면 나 또한 당신 볼을 어루만지며 '다 지나갈 꺼야'라고 위로의 말을 건넨다.

<blockquote>
전봇대에 윗옷 걸어 두고 발치에 양말 벗어 두고

천변 벤치에 누워 코를 고는 취객

현세와 통하는 스위치를 화끈하게 내려 버린

저 캄캄함 혹은 편안함

그는 자신을 마셔 버린 거다

무슨 맛이었을까?
</blockquote>

—권혁웅, 「봄밤」 부분

나는 매일 똑같은 카페에서 커피를 마신다. 그날 아침은 한 남자가 창문에 크리스마스 그림을 그리고 있었다. 눈사람, 눈썰매, 종소리, 산타클로스 할아버지. 그 남자는 꽁꽁 추운 날 밖에 서서 여러 색의 물감을 교대로 칠했다. 식당 안 손님들은 그 광경을 보고 있었다. 빨간색, 흰색, 검은색 페인트 물감 위로 눈바람이 불어왔다. 그 남자의 머리카락은 눈송이가 되었고 얼굴은 청바지 주름처럼 꾸겨졌지만 간간이 종이컵에 든 무언가를 마셨다. 누군가 불쌍하다고 말했다. 아마도 실패한 예술가이고 컵에 든 것은 위스키이고 그 남자의 화실은 실패한 그림들이 그득하고 어쩔 수 없이 거리의 카페나 식당, 과일 가게 창문에 그림을 그려 먹고 산다고 생각하는 것 같았다. 계속 색을 덧칠한다. 잠시 차를 마시다 돌아보니 언제 다 그렸는지 그 남자는 사라지고 없다. 창문은 아름다운 그림들로 꽉 채워졌고 컬러는 신선했다. 혹시 사라진 그가 집에 돌아가 숨 막히는 묵언 너머로 외로운 예감을 생략한 대신 너무나 쓸쓸해서 쥐를 친구 삼아 이야기하고 있는 것은 아닐까? 몽자류(夢字類) 소설 같은 에곤 쉴레, 〈자위하는 자화상〉을 보고 있으면 당신이 내게 보여 주고 싶지 않은 당신 자아와의 만남을 이어 주는 다리 같다는 생각이 든다.

에곤 쉴레 〈자위하는 자화상〉 1911, 빈 알베르티나 미술관

너의 몸에 알을 낳고 싶었다
피안(彼岸)의 거처에 몸을 뉘이고 있는 창백한 너에게
사락사락 날아들어가
(……)
이 서러움과 짓끓는 욕정을 파란 핏물로 뚝뚝 흘려가며
오늘 밤만이라도 방사(房事)의 오르가슴을 맛보리라
남자인 너의 푸른 자궁 안에서

—이혜령, 「파란 나비의 꿈」

한여름 고대 도시 폼페이는 강렬했다. 가장 인기 높은 관광지인 유곽 루파나레(lupanare)에 들렀다. 2층으로 된 윤락가 건물 안으로 들어서면 남성 성기가 진행 방향을 일러 준다. '루파나레'는 라틴어로 늑대를 뜻하는 '루푸스(lupus)'에서 유래되었다. 당시의 창녀들을 고대 로마인들

은 '늑대들' 이라고 불렀기 때문이다. 루파나레는 2개 층에 각각 5개의 방이 있으며 귀족이나 부호들은 매트리스가 놓인 2층을, 평민이나 노예들은 돌침대가 딸린 아래층 쪽방을 이용했다. 2층 고객들이 남들의 눈을 피해 드나들 수 있도록 1층에 별도의 출입구도 있었다. 특히 방문 위에는 여성들의 특기와 여러 가지 서비스를 벽화로 남겨 놓았다. 2000년 전 쾌락에 빠진 로마인들의 사치스럽고 문란한 생활상을 고스란히 보여 준다. 화산재에 묻혔던 다섯 개의 방에는 각기 다른 체위의 성행위 춘화들이 적나라하게 벽화와 모자이크로 그려져 있다. 남자끼리의 동성애 장면도 리얼하다.

플라톤은 육체는 영혼의 무덤이라며 인간을 육체(soma)와 영혼(psyche)으로 구분한다. '누드(nude)'와 '나체(naked)'는 옷을 입지 않은 알몸 상태를 뜻한다. 케네드 클라크는 처음으로 '나체는 옷을 벗어 버리는 것', '누드는 재구성된 몸의 이미지'로 구분했다. 그러나 존 버거는 '나체가 된다는 것은 본래의 자기로 되돌아간다는 것'이고, '누드라는 것은 타인에게 나체를 보여 주는 것으로 본래의 자신을 깨달을 수 없는 것이라고 말한다.' 즉 '나체가 누드가 되기 위해서는 우선 나체를 오브제로 보아야 한다는 것으로 알몸은 욕망이지만 누드는 예술이라는 말씀이겠다. 욕망의 시간은 본질을 채우고 나서는 고요의 흔적을 예술로 채운다. 삶을 단순하게 스케치한 격정의 소리들이 어둠 속 보석처럼 반짝이며

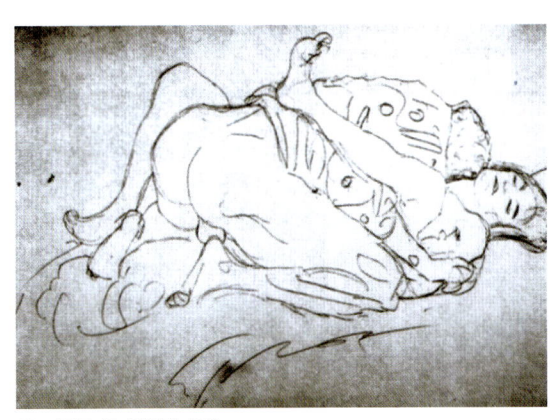

구스타프 클림트 〈정상위〉 1898

떨고 있다. 이런 유익한 분발성은 소돔의 120일 뿐이 아니다. 이제는 남이 아니라 자신을 스캔해서 올려놓고 돈을 받고 파는 세상이다.

눈이 어지럽지만 세속적인 인간의 쾌락을 묘사한 자극 앞에서 침착함을 유지하는 것은 일종의 수행이다. 모든 색채로부터 지층 같은 에로티시즘 시간의 누적을 발견했다면. 그 몰입의 순간에 행복에 걸려 비틀거렸다면.

며칠 전 지방에서 올라오다 고속도로 휴게소에 들렀다. 관광버스에서 내린 수많은 인파들이 화장실로 직진한다. 너무 급한 할머니는 긴 줄을 통째로 무시하고 문을 점령한다. 이것도 모자라면 아예 여성 몇 명이 남성 화장실 문 밖에 보초를 서고 남성 화장실을 통째로 빌린다. 요즈음은 공중화장실이 얼마나 세련되었는지 어지간한 집 화장실보다 고급스럽다 못해 살림을 하고 싶을 정도이다. 그럼에도 불구하고 난 요즘도 우리나라 공중화장실을 갈 적마다 분노를 삼킨다. 남근 문화의 최대 하극상을 연출했기 때문이다. 뭔 이야기냐구요? 그대가 여자라면 수만 번 느꼈을 일이고, 그대가 의식 있는 남자라면 어쩌다가라도 느꼈을 일이다.

다 알다시피 여자에 비해 남자의 일 보는 시간은 매우 짧다. 그러나 웬일인지 전국 모든 화장실 중 남성용이 건물의 앞을 차지하고 여성용은 남성용의 뒤에 항상 위치한다. 그렇잖아도 일 보는 시간만으로도 긴 여성들은 입구까지 걸어 들어가는 시간부터가 열을 받는 것이다. 이런 생리 현상에 따른다면 당연히 시간이 많이 걸리는 여성용을 앞에 배치하고 간편하게 일을 마치는 남성용을 뒤에 배치해야 옳은 일이다. '레이디 퍼스트' 언제 이런 것까지야 바라겠나. 그저 공공장소에서의 눈에 보이는 평등이나 느끼게 해 줬으면 싶다 이거다.

세계의 기원 149

어느덧 산업사회를 지나 우리들의 의식주는 선진국이다. 그러나 이런 작은 문화 행정에도 남근주의가 물씬 숨어 있어 남성의 펜으로 설계하고, 남성의 정신으로 기획하고, 남성의 손으로 건축하면 대우받는다고 착각한다. 이런 문화적 오류들이, 진정한 문화 정신이, 의식주처럼 선진국에 뛰어들 날이 제발 빨리 왔으면 하고 바래 본다.

그리고 참 이상한 생리 현상의 차이점에 대해 하나 더 말해도 될까요? 별건 아니지만 재미있기도 하고 신기하기도 한 현상이기 때문이다. 궁금하다구요? 여성들은 화장실에서 소변을 볼 때 소리를 안 내는 것이야말로 교양 있는 행위라고 생각한다. 그런데 아이러니하게도 남성들은 자신들의 소리가 옆 사람보다 커야 한다는 심리적 콤플렉스에 빠져 있다는 사실이다. 심리학자가 아니어서 아쉽게도 길게 끌고 갈 수는 없지만……. 그러고 보니 또 하나가 생각난다.

남자는 페니스 때문에 날마다 화장실에서 스트레스를 받는다. 옆 사람과 비교해 보면 유난히 작기 때문이다. 사실 서서 옆 사람만 비교하면 다 작아 보인다. 왜냐하면 시각적인 각도 때문에 생기는 현상이다. "우리가 원치 않을 때 매우 부적절하게 주제넘게 나서고, 우리가 가장 필요로 할 때는 매우 부적절하게 우리를 풀죽게 하는 음경. 그것은 거만하게 권위를 놓고 우리의 의지와 경쟁한다."라고 마이클 몽테뉴만큼 음경에 관하여 섬세하게 이야기한 사람은 없을 것 같다.

벌 2초/닭 3초/고양이 8초/말 10초/사자 30초/소 1분/침팬지 2분/갈색 곰 3분/거북이 10분/개 30분/도룡용 40분/담비 2시간/지렁이 · 쪽제비 4시간/밍크 8시간/뱀은 두 개의 성기로 24시간 한다. 당신은 어떤 섹스를 원하나요?

신화적 상징인 티베트 밀교(密敎)의 〈고대 합환상〉은 '성이란 남자의 지혜와 여신의 자비가 합쳐서 완벽한 우주가 되는 과정'으로 설명한다. 즉 접신(接神)의 순간을 조형물로 표현한 작품이다. 예술적 엑스터시를 자아내는 접신! 신을 찬양하는 노래, 기도, 신을 기쁘게 하는 춤! 터키의 수피. 댄스는 일명 탄누라 댄스라 부른다. 허벅지가 굵은 영혼의 남자들이 한쪽 방향으로 쉼없이 돌면서 인간과 신이 만나는 과정을 보여 주는 접신의 의식이다. 아이티에서는 한 남자가 동물의 피로 물들인 옷을 입은 채 부두교 의식에서 쓰러질 때까지 접신 춤을 추고 있다.

> 동지섣달 혼례식장은 엄청 추웠다 무당은 꽝꽝 언 갱엿을 소반에 받쳐 신단에 올렸다 한지 한복이 눈부신 처녀 귀신과 한복이 멋스러운 총각 귀신이 싱글벙글 신랑 각시 첫날밤 덮고 잘 원앙금침 들추자 옷고름은 풀어져 내리고 신단위의 갱엿은 녹아내리고
>
> ─윤향기,「결혼 접신」

이렇게 신을 즐겁게 하고 복을 비는 제천의식은 우리나라에도 삼한시대부터 있었다. 따라서 접신 때의 '춤'이란 개인의 벽사기복과 감정을 표현하기보다는 공동체의 융화와 발전을 위한 수단이었다. 신과 한 몸을 이루는 접신이야말로 사람들의 마음을 보듬어 주는 또 다른 종교의 상징으로서 더 이상 단순한 종교적 현상이 아닌 신화적, 역사적, 문

티베트〈고대 합환상〉

화적 의미를 지닌 형식이 되었다. '접신'의 집단 무의식 속에는 불씨를 들고 빙하를 건너는 인간의 간절한 소망이 내재되어 있기 때문에 부두교, 힌두교, 이슬람, 불교, 기독교 등 모두가 다르지 않다.

가수 싸이의 서울광장 공연은 대단했다. 붉은 악마 시절을 그대로 복사해 보는 듯한 광경이었다. 접신, 무아, 엑스터시의 현장이다. 그와 하나가 되는 것이다. 함께 노래 부르다 소리 지르고 뛰고 춤추며 자신을 잃어버리는 시간인 것이다.

만 레이 〈앵그르의 바이올린〉 1924

뒷모습, 그 머나먼 곳

옛날 대지의 여신 데메테르(Demeter)에게는 페르세포네(Persephone)라는 아름다운 딸이 있었다. 페르세포네가 가볍게 발을 움직여 춤을 추면 어디서나 꽃이 피어났다. 어느 날, 그녀는 친구와 함께 들판에서 꽃을 꺾고 있었다. 초원에서 꽃을 꺾느라 정신이 없던 그녀는 그만 길을 잃고 만다. 그때 먼 곳에 있는 은빛 수선화의 매혹적인 향기가 그녀를 유혹한다. 그녀가 손을 뻗어 꽃에 닿으려는 순간, 땅이 갈라지며 검은 말이 끄는 마차 한 대가 땅속에서 튀어나왔다. 그것은 지하의 신 하데스가 아름다운 봄의 여신 페르세포네를 사모한 나머지 꾸민 계략이었다. 그녀의 비명은 멀리 있는 어머니의 귀에도 들렸다. 데메테르는 수확하던 곡물도 내팽개치고 딸을 찾아 나선다. 대지의 여신이 사라지는 그 순간부터 비옥하게 자라던 과일과 곡식들이 더 이상 자라지 않고 시들기 시작한다. 인간 세상이 멈춰선 것이다. 제우스는 이 상황을 보고 하데스에게 그녀를 풀어 주라고 명령한다. 하데스는 일 년 중 $\frac{1}{3}$은 지하(겨울)에서, $\frac{2}{3}$는 지상(봄·여름·가을)으로 돌려보내 어머니와 지내게 한다.

페르세포네는 자신의 의지와는 상관없이 지하 세계의 신인 하데스에

게 납치되어, 그의 아내가 된 것
이다. 이 그림은 데메테르와 함
께 올림푸스 산의 신들을 만나
문안 인사를 마치고 다시 지하로
돌아가는 그녀의 뒷모습을 표현
한 것이다.

 폼페이는 서기 79년 화산 베수
비우스가 폭발하면서 화산재 속
으로 묻혀 버린 도시다. 오랫동
안 10m 이상의 화산재로 덮힌
채 통조림 상태로 굳어 지도에서
조차 사라진 것이다. 그러던 것

〈꽃을 꺾고 있는 처녀〉 높이 31cm 스타비애에서 출토
서기 약 50~60, 나폴리 국립고고학 미술관

이 1860년대부터 독일 학자들의 발굴 작업 중에 발견된 벽화이다. 폼페
이 유적물 중 하나인 이 벽화의 실제 크기는 작은 대학노트 정도이다.
이 그림처럼 신화적 인물이 단독으로 등장할 때는 시대를 막론하고 해
석상의 문제는 분분하기 마련이다. 하지만 대부분의 고고학계에서 〈꽃
을 꺾고 있는 처녀〉를 페르세포네로 받아들이고 있는 추세이다. 그러
나 자세히 보면 볼수록 이 여인상의 머리에 고귀한 신분을 나타내는 디
아뎀(Diadem, 王冠)이 씌어져 있는 것으로 보아 무언가 더 아름다운 스토리
텔링이 숨어 있을 듯도 싶다. 싱그러운 바람결에 옷깃을 나부끼며 녹색
들판을 걸어가는 저 여인을 보라! 긴 머리를 틀어 올린 여인의 목선이
아직도 은비늘처럼 반짝이며 튀어 오른다. 살짝 걸친 부드러운 드레스
는 관능적인 오른쪽 어깨를 완전히 드러내며 팔꿈치에 간신히 걸쳐 있
다. 후우~ 하고 입김을 살짝 불어 대면 금방이라도 주르륵 미끄러져 흘

프레데릭 레이턴 〈페르세포네의 귀환〉 1891, 리즈 미술관

〈페르세포네〉 1909, 이탈리아 동전

러내릴 것만 같다.

그리운 님이 오시는 걸까? 아님 기분 좋은 손님? 춤추듯 맨발로 풀숲을 누비며 꽃을 따는 여인의 손가락이 디오니소스 축제가 가까워지기라도 한 것처럼 에로틱하다. 숄을 걸친 왼쪽 팔에는 꽃바구니가, 오른손에는 수선화를 금방이라도 꺾을 듯이 잡고 있다. 세상의 부정과 긍정 간의 긴장을 해결해 온 손, 부드러운 사랑처럼 곱게 구부러진 손가락 관절이 고귀하다 못해 신성하다. 나폴리, 국립고고학 미술관에서 이 아름다운 프레스코화를 본 순간 넋을 잃고 말았다. 너무나 황홀하여 그림 앞에서 얼마를 서 있었는지 모른다. 1,500여 년 전의 이름 모를 작가가 노출시켜 놓은 세계에 빠져 감탄하는 것이다.

그리스의 헬레니즘 회화를 받아들인 고대 로마인은 모나리자보다 1,500여 년 이전에 이미 너무나 사랑스러운 여인의 모습을 묘사한 것이다. 아름답고 사랑스러운 〈꽃을 꺾고 있는 처녀〉인 페르세포네! 얼굴은 다 보이지 않아도 범상치 않은 그녀를 보고 있으면 더없는 살의 매끄러움에서, 아슬아슬한 옷감의 연한 질감에서, 달콤한 체취에서, 봄의 정령인 그녀의 사랑스러움은 녹아내린다. 누군들 총알처럼 달려가서 안아 보고 싶지 않으랴. 누군들 그녀와 사랑하고 싶지 않겠는가.

물론 이는 아무 사념 없이 풀밭을 맨발로 딛고 가는 저 여인의 미끄러져 내리는 어깨와 풀물 든 청순한 발을 만져 본 사람들에 한에서다. 이렇듯 단순히 '여인의 뒷모습만으로도 성적 환상을 증폭시킨' 그 시대의 살아 있는 에로티시즘의 역사를 느끼는 현장인 것이다.

인간의 생물학적 성장은 특정 나이에 멈추지만 인간의 인격적 성장은 일생을 통해 지속된다. 이러한 인격적 성숙은 대부분 예술을 매개로 이루어진다. 논리와 이성에 앞서 시각의 효율을 즉각적 감응으로 바꾸는 것이 그림이다. '시와 그림은 한 가지 이치(詩畵本一律)'라고 일찍이 노래한 중국 송나라의 시인 소식(蘇軾, 1036~1101)의 일갈처럼 시(詩)가 꼭 언어의 영역에만 속하는 것이 아니듯 그림 또한 화폭에만 국한되는 것이 아닌 듯하다. 그림은 오감 중에서 제일 첫 번째 감각인 시각 장르 예술이다. 감각의 위계질서는 아리스토텔레스에 의하면 시각—청각—후각—미각—촉각 순이다. 미학적 시각의 풍요와 더불어 자기 행동 양식의 아이스테시스(aisthesis, 감각) 치유 기능은 이 모든 장르를 통해서 가능해진다. 예술 작품 속 에로스의 동력이란 세기를 넘어 누군가와 소통하고 또 누군가에게 치유와 위안과 행복을 느끼게 하는 역할이 아닐까. 사랑은 에로스와 프시케의 신화 이야기처럼 의심하는 순간 사라져 버리는 특성을 지닌다. 살아가는 목적과 동력으로 사랑이 유효하듯이 사랑은 매혹된 대상에게 몰두하게 되면 그 대상과 보는 이의 유일한 코드로 압축되는 지점이기 때문이다. 지상의 모든 결핍을 벗어나 진정한 아름다움을 사모하여 구하는 만족, 그러나 만족하는 순간 만족은 미끄러져 사라져 버리고 새로운 만족을 갈구하러 떠나는 것이 사랑이다. 이런 만족과 불

만족의 뫼비우스의 띠인 간극을 예술로 승화시킨 사랑은 마침내 아름다움 그 자체인 이데아, 즉 감각하는 현실적 사물의 원형인 것이다.

  봄이다. 향기 코를 찌르는 매혹적인 이 봄에도 어김없이 나의 꽃무늬 트라우마가 덧나려는 참이다. 그럴 때마다 나는 청량한 해독제인 꽃을 따는 페르세포네를 보다 호들러의 〈기뻐하는 여인〉이 되어 주문을 외운다. 이 주술은 유효하다. 한 그루 나무는 몸 안의 적멸을 송이송이 꽃으로 피워 올리고, 한 여인은 서책인 양 꽃바구니를 품고 생의 기쁨처럼 만개한 순간을 따고 있다. 인간을 온전히 행복 짓게 하는 저 주술의 기쁨 속에는 대지의 모든 것들이 다 웅얼거린다. 물질의 풍요로운 속도전인 디지털 유토피아에서는 결코 느낄 수 없는 정서적 안정감이다. 어느 시인은 꽃 진 자리에서 지난 봄날을 기억하는 것만으로도 기도와 다름없다 말한다. 그러나 나는 생을 건 수천 년 전 풀밭 속으로 뛰어들어가 그녀와 함께 맨발로 봄 한잔을 쭈욱~ 들이키고 고동치는 주술 춤에 흥건히 취하고 싶을 뿐이다.

  보쌈하고 싶을 만큼 매력적인 그녀의 뒷모습은 오늘도 "시간은 여기 있고, 사라져 가는 것은 우리들이다."라고 열심히 궁구하는데, 봄의 여신인 페르세포네에게 순복(順僕)하고 싶은 나의 착한 관음증은 가장 따뜻한 시계인 그녀의 몸에서 꽃을 꺾고 있다.

페르디낭 호들러 〈기뻐하는 여인〉 1853~1918

나는 여러 산을 넘어 이곳에 왔네
계곡에는 안개가 자욱하고 바다는 포효하고 있네

> 나는 방랑자. 침묵하며 침울한 마음으로 떠도네
> 어디로 갈까 끝없이 자문하며 탄식하네
> (······)
> 내가 갈구하는 땅은 대체 어디에 있는 것일까
> 찾아 헤매고, 꿈꿔 보지만 아직도 찾지 못했네
> 녹색 희망으로 가득한, 나의 장미가 활짝 꽃을 피우는
> 그 땅은 어디에 있을까
>
> ─게오르크 필립 슈미트, 「방랑자」

브래드 피트다. 에드워드 즈윅 감독의 영화 〈가을의 전설〉(1995)에서 야생마의 매력을 지닌 둘째 아들 트리스탄이다. 동생의 약혼녀를 사랑하다 훌쩍 방랑의 길로 떠나 버린 나쁜 남자. 성공한 형에게 가족을 맡기고 사라져 버린 나쁜 남자. 세상을 등지고 숲으로 돌아가 곰과 싸우다 장렬하게 최후를 장식한 브래드 피트는 어쩌면 현실에서 한 발짝도 떠나지 못하는 모든 착한 남자들에게 대리만족이라는 아련한 전설을 선물한 것인지도 모른다.

브래드 피트가 깎아지른 절벽 위에서 안개 자욱한 바다를 응시한다. '여러 산을 넘어 이곳에' 온 그의 시선이 마치 침묵처럼 솟아오른 바위로 떨어질 때 운무의 허밍은 별안간 멈춰 선다. 장관이다. 얼굴 없는 뒤통수들이 어깨를 부딪치며 지나간다. 이때다. 무뚝뚝한 한숨이 빈 바다에 안개로 깔릴 때면 해일 같은 운무가 격정적으로 산허리를 감고 돈다. 운무가 다시 자리를 바꾸려다가 미끄러져 내려간다.

독일 낭만주의를 화려하게 꽃을 피운 낭만주의자들은 괴테와 실러였다. 괴테는 『색채론』에서 "눈은 빛에 의해 생겨났고 눈은 빛과 만나면서 빛의 기관으로 형성되며 이로써 외부의 빛과 내부의 빛은 서로 감응

하게 된다. 이 세상을 아름답게 하는 모든 색체는 빛의 고통에 의해서 이루어진다."고 말한다. 어둠이란 빛의 부재 상태가 아니라 그것 자체가 하나의 본질적인 에너지라고 규정지었는데 프리드리히는 그런 괴테의 생각을 좇아 낮에는 데생에만 열중하고 정신성이 한창 고조된다는 황혼 무렵에야 그림에 색체를 입혔다. 그가 달밤을 배경으로 한 풍경화를 많이 남긴 것은 바로 그런 괴테의 생각에 공감한 결과이다.

카스파르 다비트 프리드리히는 전통과 규범에 얽매이기를 거부하고 오로지 자신의 감성과 내면의 움직임에 따라 진솔하게 자신을 표현하

카스파르 다비트 프리드리히 〈안개 위의 방랑자〉 1818, 함부르크 미술관

는 것을 지상 목표로 삼았다. 모국인 독일의 풍경을 세심하게 분석하여 안개와 구름이 자욱한 북구 특유의 자연을 신비롭게 묘사했다. 그는 세상을 뜨는 날까지 현실의 사조에 휩쓸리지 않고 비난과 질시를 받으면서도 고집스럽게 낭만의 성채를 지켰다. 〈안개 위의 방랑자〉는 어찌 보면 영원한 로맨티스트로 남고자 했던 화가 자신이 평생 걷게 될 고독한 여정의 미래상이었던 셈이다.

프란츠 슈베르트(1797~1828)는 낭만주의의 서막을 연 작곡가로 화가 프리드리히보다 23년이나 뒤에 태어났다. 그러나 그의 낭만주의 가곡의 걸작인 〈방랑자 환상곡 D760〉은 프리드리히의 그림 〈안개 위의 방랑자〉보다 2년 먼저 작곡된 것으로 게오르크 필립 슈미트(1766~1849)의 시에 슈베르트가 곡을 붙인 것이다. 그럼에도 불구하고 위의 시는 위의 그림을 보고서 쓴 작품인 것 같은 느낌이 진하다.

(……)
우리의 처방은 읽고 보고 느끼는 것뿐인지
오늘은 종일토록 너를 읽고 보았고(……)

하루 종일 어색하게 너를 안고 지낸 두 팔도
네 옹알이와 눈 오는 풍경이 좋은 마취제였는지
너를 방에 눕히고 나서야 온몸이 갑자기 저려온다
서서히 꺼져 가는 내 몸 위에서라도 바르게 서거라
어느새 젖은 눈 그치고 건넛집 불빛이 따뜻하다

—마종기, 「손녀를 안고」 부분

마종기의 시 「손녀를 안고」처럼 나도 가끔 손녀를 안고 우유 먹이고 기저귀 갈며 열이 올라 칭얼대면 소아과를 전전하던 때가 있었다. 그 손녀가 자라 귀스타브 카유보트의 그림 〈에르의 정원〉을 걷고 있는 저 아이만큼 자랐다. 매일 곱게 머리 빗고 성장시켜 유치원에 데려다 준다. 하루는 엄마 대신 유치원에 갔다. 아이들은 앞줄에 앉아 있고 그 아이들 뒤에는 엄마들이 앉아 있다. 영어 선생님이 열심히 한 커플을 나오게 하여 율동으로 영어 단어를 맞추는 시간이었다. 차츰 자기 차례가 다가오자 중간쯤에 앉아 있던 손녀가 힐끔 날 쳐다본다. 불안한지 다시 한 번 뒤돌아보며 나에게 작은 목소리로 "할머니, 영어 할 줄 알아?" 한다. 아~ 그 시간 내내 얼마나 불안했었는지가 고스란히 느껴지는 순간이었다. 아이는 할머니도 좋고 할아버지와의 여유 있는 산책도 좋지만 모든 것은 부모와의 애착 형성이 잘 형성된 다음이다.

귀스타브 카유보트 〈예르의 정원〉 1875, 개인 소장

> 우연히 날 찾아와 사랑만 남기고 간 너
>
> 하루가 지나 몇 해가 흘러도 아무 소식도 없는데
>
> 세월에 변해 버린 날 보면 실망할까 봐
>
> 오늘도 나는 설레이는 마음으로 화장을 다시 고치곤 해
>
> 아무것도 난 해 준 게 없어 받기만 했을 뿐
>
> 그래서 미안해 나 같은 여자를 왜 사랑했는지
>
> 왜 떠나야 했는지 어떻게든 우린 다시 사랑해야 해
>
> 살다가 널 만나면 모질게 따지고 싶어
>
> 힘든 세상에 나 홀로 남겨 두고 왜 연락 한 번 없었느냐고(……)
>
> 그땐 너무 어려서 몰랐던 사랑을 이제야 알겠어
>
> 보잘것없지만 널 위해 남겨 둔
>
> 내 사랑을 받아 줘 내 사랑을 받아 줘
>
> ─왁스 노래,「화장을 고치고」부분

   만 레이의 〈앵그르의 바이올린〉을 나는 〈앵그르의 첼로〉라 부르겠다. 어찌 저리 튼실한 바이올린이 있단 말인가. 장중하고 육중한 저 허리를 보고 당신도 바이올린보다는 첼로가 제격이라는 내 말에 동감할 것이다. 여자는 누구나 악기가 되고 싶다. 여자는 언제나 악기가 되고 싶다. 남자의 눈길만 스쳐도, 남자의 손길만 닿아도 오감의 현이 울려 대는 무한한 자유가 되고 싶은 것이다.

   나는 목욕탕에 가는 것을 좋아한다. 갈 때마다 〈앵그르의 바이올린〉이 되기도 하고 메리 카사의 〈벗은 등〉을 만날 수 있기 때문이다. 천연 캔버스가 도처에 자유자재로 널려 있기 때문이다. 살짝 건드리기만 해도 오카리나 울림이 날 것 같은 소녀의 등, 팅티딩~ 우크렐레의 하모니가 봄비처럼 싱그럽게 들려오는 처녀의 등, 최백호의 '낭만에 대하여'

메리 카사 〈벗은 등〉 1888

를 금방이라도 불러 댈 것 같은 중년의 등, 어머니의 웃음 같은 마두금이 울려올 것 같은 산모의 복스러운 등, 자기 안의 외로운 빙하인 '엘칸토 파사'의 노랫가락이 흘러나올 것 같은 외로운 등에 색색의 포르테를 두 개씩 그려 넣는다. 등과 등 사이에 가로놓인 아득한 심연이 갑자기 음악으로 출렁거린다. 만료되지 않은 여신들의 몸이 다 악기가 된 것이다. 한몫을 한 것이다.

나는 구석진 곳에서 비누질을 하고 있는 할머니께 다가간다. 청춘을 작파한 지 오래인 가장 가난한 표정 하나가 거기 앉아 있다. 혼자 오신 것 같은 할머니의 메마른 등을 정성껏 밀어 드린다. 포르테(f)로 밀면 너무 아프시겠지. 그렇겠지. 그렇다면 오늘은 샵(#)으로 할까? 등이 유일하게 신뢰할 수 있는 최후의 미학이란 자신의 유쾌와 불쾌의 독백인데 오늘처럼 할머니께 유쾌한 시야를 만들어 들인 날은 정말 기쁘다.

다다이즘 운동의 핵심이었던 만 레이는 1921년 파리로 이주하여 초현실주의 작가 그룹에 참여했으며 그림 그릴 돈을 마련하기 위해 사진을 찍기 시작했다. 하지만 아르바이트로 했던 사진이 그를 사진작가의 범주를 뛰어넘은 전방위 아티스트로 작동시켰다.

독일 괴팅텐대학교 연구팀은 실험을 통해 남성이 무의식적으로 여성의 걸음걸이와 춤추는 모습을 보고 여성의 번식 능력을 평가한다는 연구 결과를 발표했다. 영국 데일리메일에 의하면 이 연구팀은 젊은 여성 48명의 걷는 모습과 춤추는 장면을 각각 30초씩 촬영해, 영상을 실루엣으로 바꿔 남성 200명에게 보여 주는 실험을 했다. 남성들이 길거리에서 앞서 걷는 여성의 뒷모습을 쳐다보는 이유를 짐작하게 하는 사례가 나왔다. 생리주기 상 임신 가능성이 가

콘스탄틴 마코프스키 〈목욕을 준비하는 여인〉 1889

장 클 때와 가장 작을 때 두 차례에 걸쳐 촬영한 영상을 남성들에게 보여 주고 여성들이 매력적으로 느껴지는 때가 언제인지 구분을 시켰다. 그랬더니 대부분의 남성들은 임신 가능성이 클 때의 여성 동작에 대해 더 매력적으로 느끼는 것으로 나타났다. 특히 걸음걸이보다 춤추는 동작에서 남성이 더 매력을 느낀다는 결과를 도출했다. 연구진의 버나드 핑크 박사는 여성의 걸음걸이나 춤 동작에서 엉덩이가 흔들리는 각도나 모양 등에 힌트가 있을 것이라고 추정했다. 또한 "여성의 동작에는 자신의 번식력을 드러내는 힌트가 있고, 남성은 그것을 눈치챌 능력을 갖추고 있다는 의미"라고 설명했다.

오늘은 이별의 말이 공중에 꽉 차 있다
나는 이별의 말을 한 웅큼, 한 웅큼, 호흡한다
먼 곳이 생겨난다
나를 조금조금 밀어내며 먼 곳이 생겨난다
(……)

— 문대준, 「먼 곳」 부분

빌헬름 함메르쇼이 〈베드 룸〉 1890

덴마크의 베르메르라 불리는 빌헬름 함메르쇼이(1864~1916) 작품을 두고 오스트리아 시인 라이너 마리아 릴케는 이렇게 말했다. "나는 그의 작품과 내면의 대화를 나누는 것을 멈춘 적이 없다." 그림 〈베드 룸〉은 아무도 없는 텅 빈 방에 정물처럼 홀로 서서 정원을 바라보는 여인의 뒷모습 풍경이다. 파스텔 같은 침착한 회색톤이 실내 풍경을 더욱 사실주의적으로 끌고 가고 있다.

당신의 뒷모습은 거짓말을 할 수 있을까? 뒷모습은 고칠 수도 없지만 앞모습처럼 페르소나를 쓰고 가식으로 웃지도 않는다. 당신은 뒷모습을 통하여 얼마나 많은 것을 보여 주고 살고 있는가? 당신의 뒷모습에 얼마나 당당한가? 미셸 투르니에는 『뒷모습』에서 "남자든 여자든 사람은 자신의 얼굴로 표정을 짓고 손짓을 하고 몸짓과 발걸음으로 자신을 표현한다. 모든 것이 다 정면에 나타나 있다."고 말한다. 그렇다. 사람은 누구나 뒷모습으로 기록된다.

 오십 평 넓은 홀 가운데 빨간 카펫이 깔리고 누드 모델이 눕는다. 이제 그가 먼 곳을 응시한다. 낮은 곳에 대한 연민과 애타는 마음으로. 옷 입은 여자가 옷 벗은 남자를 바라본다. 한 곳으로만 집중되는 나의 시선이 낯선 남자의 알몸에 강력히 꽂힌다. 부끄럽다는 고정관념을 꺼내어 부끄럽다는 생각의 바닥에 깔았다. 옷 입은 여자가 옷 벗은 남자를 훔쳐본다. 생전 처음 잡아 본 목탄이 그 남자의 복숭아뼈에 이르자 처녀의 신음 소리를 내며 부러진다. 드로잉을 시작하고 몇 년 지나자 남성의 알몸이 알몸으로 보이지 않는다. 첫 시간의 그 당황스러움도 2~3분마다 자세를 바꾸는 모습도, 적나라하게 성기가 정면으로 내 얼굴을 바라보는 자세도 이젠 아무렇지도 않다.

 자크 루이 다비드의 〈남성 나체〉가 그려진 중세는 성(性)의 금기 시대였다. 누드는 어떤 방법으로 표현되거나 그려지면 안 되었다. 그러나 금지하면 할수록 욕망하는 것이 성적 욕구이다. 그림 속 남성 모델의 발바닥을 보라. 발바닥은 나이를 구분할 수 있는 유일한 부분 중의 하나이다. 집에서 깨끗이 샤워하고 온 저 모델은 이곳에 도착하여 옷을 벗고 구두를 벗고 양말을 벗은 후에 가운을 걸치고 붉은 보자기 앞까지 맨발로 걸어왔으리라. 미세한 고운 때가 각질처럼 묻어 있는 발로 보아 40대 초반인 듯하다. 20대에 비해 근육의 단단함은 조금 떨어지지만 전체적인 선이 모나지 않아 부드럽고 풍요롭다. 서양미술은 다른 학문과는 달리 여성이 모델로 그려진 책이 남성이 모델로 그려진 책들보다 월등히 많다. 다시 말하면 남성이란 주체적 입장에서 복속된 여성을 사용

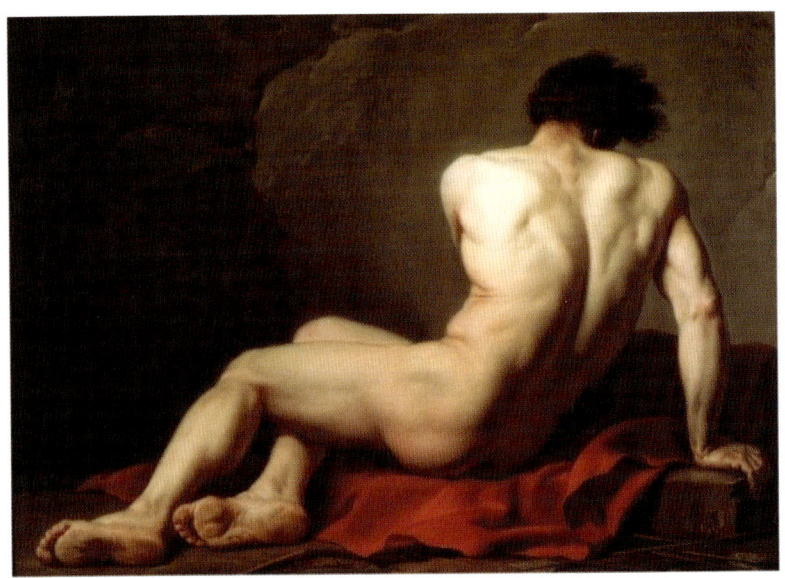

자크 루이 다비드 〈남성 나체〉 1780

하여 영감을 얻었다는 의미이다. 그 한 예로 그림에서 남성이 거울을 보는 것은 자아 성찰의 의미로 추켜세우지만 반대로 여성이 거울을 보는 장면은 허영으로 평가절하하였다.

칵테일 '오르가슴' 한잔을 마신 여자만 농염한 꽃향기를 머금는 것은 아니다. 꼭두서니빛 팬티를 입은 여자만 남성을 차지하는 것은 아니다. 완벽한 식스팩이야말로 야성의 향기를 뿜어낸다. 그런 남자의 몸을 사랑하지 않을 여자는 없다. 몸 관리가 소홀한 남자의 능력만을 사랑하는 여자는 없다. 시대가 원하는 대로 남자도 몸을 가꾸기 위해서는 시간과 돈을 투자해야 한다. 멋진 복근과 어깨 근육은 여자들의 로망이기 때문이다. 조르주 루오의 〈뒷모습의 누드〉는 우람한 근육질 남자로 지금 당장이라도 당신을 안을 준비가 된 수컷의 아름다움을 표

현한 작품이다. 벌거벗은 남자는 붉은 카
펫 위에 앉아 왼손으로 바닥에 있는 벽돌
을 집어 들고 몸을 뒤틀어 단련된 근육을
힘껏 자랑하고 있다.

조르주 루오 〈뒷모습의 누드〉 1929, 퐁피두센터

 이 세상에 아무 조건 없이 생을 다해 사랑
하는 존재는 어머니밖에 없다. 하지만 어머
니를 떠난 성숙한 남자는 여자의 사랑으로
완성되어 간다. 세상을 다 가진 남자라 하
더라도 한 여자에게 사랑받지 못한 남자는
불행하다. 이런 남자가 현실에서 좌절을 하게 되는 까닭은 자신이 성취
한 삶의 무지개를 나눌 사람이 없기 때문이다. 지금은 남성성의 야성성
만으로 여자에게 사랑받을 수 없는 시대이다. 여자들이 가장 좋아하는
남성상은 부드러움이 강조되는 세련된 외모에 요리를 잘해 주고 코믹
한 화술에 섹시미가 풍기는 중성스런 꽃미남 이미지다.

가야 할 때가 언제인가를
분명히 알고 가는 이의
뒷모습은 얼마나 아름다운가

봄 한철
격정을 인내한
나의 사랑은 지고 있다

분분한 낙화

결별이 이룩하는 축복에 싸여

지금은 가야 할 때

무성한 녹음과 그리고

머지않아 열매 맺는

가을을 향하여

(……)

— 이형기, 「낙화」 부분

귀스타브 카유보트 〈작업복 입은 남자〉 1884, 개인 소장

먼 곳을 응시하는 당신의 뒷모습은 외롭지 않다. 당신의 뒷모습은 하나의 섬 같아 보이지만 저 언덕 위에서 양산을 받쳐 들고 자신을 기다리고 있는 여인이 있어 외롭지 않다. 누군가의 뒷모습을 바라본다는 건 그 사람의 존재를 인식하는 것이다. 서로를 바라보고 있다고 생각하며 걷는 당신. 이렇게 바라보며 다가갈 수 있는 것이야말로 지상의 가장 큰 행복이라고. 당신 목을 타고 넘는 조용한 햇살. 저 언덕 여인의 그림자는 물속에 내렸을까? 옛사랑이라 불리는 하나의 객지가 또 하나의 객지를 향해 발걸음을 옮긴다.

만리 길 나서는 길
처자를 내맡기며
맘 놓고 갈 만한 사람
그 사람을 그대는 가졌는가

온 세상 다 나를 버려
마음이 외로울 때에도
'저 맘이야' 하고 믿어지는
그 사람을 그대는 가졌는가

탔던 배 꺼지는 시간
구명대 서로 사양하며
'너만은 제발 살아다오' 할
그 사람을 그대는 가졌는가

―함석헌, 「그 사람을 가졌는가」

저 초원의 푸른 풀들도 머지않아 건초더미가 될 것이다. 개들이 짖어대면 풀 냄새 희미한 바람이 불어올 것이다. 뇌리에 맨 먼저 떠오르는 생각은 안톤 루돌프 모베의 〈양 떼를 몰고 가는 남자와 여자〉는 '만리길 나서는 길/처자를 내맡기며/맘 놓고 갈 만한 사람'을 하나쯤 가졌을 것 같다는 생각이다. 저 평화로운 곳에서 나고 자라고 아이들을 낳아 기르며 아침에 양

안톤 루돌프 모베 〈양 떼를 몰고 가는 남자와 여자〉 1838~1888

들을 몰고 초원으로 나갔다가 노을을 등에 지고 들어오는 것이 참 행복이라고 믿는 남자. 자신의 삶이 있는 곳으로 돌아오는 남자. 뒤뚱뒤뚱 오던 길 되돌아보는 법 없이 앞만 보고 걸어가는 황토색 작업복을 입은 남자의 우직한 뒷모습에는 잘 익은 올리브색 향기만 얼룩처럼 남아 있다. 영혼의 비상이니 육신의 추락이니 순간의 그리움이니 하는 감각의 호사 따윈 버린 지 오래, 떠다니는 그런 순간을 붙잡으려는 욕구 대신 대지를 두 발로 단단히 눌러 디디며 하루의 균형만 잡을 뿐이다. 저 남자, 오늘도 집안에 들어서자마자 곧바로 "여보, 밥 도고." 할 것만 같다.

　오욕칠정의 감정은 당신 얼굴뿐만 아니라 당신 등에도 묻어난다. 시골 중년 부부의 퉁퉁해진 뒷모습에 하루를 잘 산 자부심이 묻어 있다. 오늘 하루를 무사히 끝내고 집으로 향하는 만족스러운 푸른 초월이다. 저 촌부들의 적산가옥 같은 앞모습 또한 뒷모습과 다르지 않을 터. 불혹이 되면 얼굴 뿐 아니라 뒷모습에도 고향이 흐르는 사람이 되어야겠다. 지금 이 순간, 당신 뒷모습은 어떤 말을 하고 있습니까?

근심에 가득 차 가던 길 멈춰 서서
잠시 주위를 돌아볼 틈도 없다면 얼마나 슬픈 인생일까?
나무 아래 서 있는 양이나 젖소처럼
한가로이 오랫동안 바라볼 틈도 없다면
숲을 지날 때 다람쥐가 풀숲에
개암 감추는 것을 바라볼 틈도 없다면
햇빛 눈부신 한낮, 밤하늘처럼
별들 반짝이는 강물을 바라볼 틈도 없다면
아름다운 여인의 눈길과 발

또 그 발이 춤추는 맵시 바라볼 틈도 없다면

눈가에서 시작한 그녀의 미소가

입술로 번지는 것을 바라볼 틈도 없다면

그런 인생은 불쌍한 인생, 근심으로 가득차

가던 길 멈춰 서서 잠시 주위를 바라볼 틈도 없다면

—윌리엄 헨리 데이비드, 「가던 길 멈춰 서서」

운동장 잔디 한편에, 전철역 타일 벽에, 대로변 건물 옥탑에 뜬금없이 걸려 있는 낯선 오브제 하나! 갤러리에 가서 운 좋게 작가를 만나서 몸의 내륙을 다 돌아다녀 본 나이 든 인생의 냄새를, 열정이 학업이던 격정의 냄새를, 엑스터시 같은 황홀한 냄새를 맡고 돌아올 수 있어 행복한 것인데, 오늘 나는 갤러리 대신 거리에서 설레는 것들을 쫓아 모닥불을 피웠던 흔적을 본다. 사랑하는 연인과 함께 자고 일어난 듯한 부스스한 침대의 휘파람을 본다. 나의 시선을 붙잡은 펠릭스 곤잘레스(1957~1996)는 미술을 소유의 사치나 사상의 소유물로 재생산이 가능하다는 것을 일상의 사사로운 힘을 빌려 말한다. 그가 불었던 휘파람이 지금 내 곁을 스쳐 지나간다.

쿠바 태생 미국 작가인 그는 38년이라는 길지 않은 생애 중 30여 년 이상을 비주류 또는 유색인종, 동성애자, 에이즈 환자로 사회적 소수자로 비토의 영역에서 살았다. '예술이란 무엇인가?', '예술의 진정한 공공성이란 무엇인가' 라는 근본적인 질문에 예술 작품을 관람객이 변형, 소유하게 하는 등 혁명적인 대안을 제시하여 기존 공공미술가는 물론, 선배 개념미술가들과도 차별화되는 예술 세계를 구축했다는 평을 받았을 뿐만 아니라 쿠바, 푸에르토리코, 베니스, 독일 등지에서 닦은 재능에 남미의 열정과 이탈리아의 조형감각, 북유럽의 이성적 철학이 작

펠릭스 곤잘레스 〈무제〉 1991

품에 녹아 있다는 평을 받기도 하였다. 〈무제〉인 위의 작품은 '자고 일어난 듯한 부스스한 침대' 즉 사랑의 뒷모습이다. 농익은 밀어를 나누며 마시던 와인 향, 시원한 에프터 쉐이브, 구수한 쿠바산 시가 연기, 그리고 끈적이는 땀 냄새. 이렇게 사람의 뒷모습이나 사랑의 뒷모습에는 예외없이 시간의 눅눅한 흔적이 남겨진다. 올여름 내내 여기서 펴진 화폭을 보며 바람의 뒷모습을 생각해 본다.

수잔 발라동 〈점쟁이〉 1899

희망을 파는 장사꾼

> 세상이 어려울수록 점쟁이가 판을 친다. 삶이 불투명하고 불안할 때 점쟁이를 찾아간다. 사람이 점쟁이가 되어서 많은 사람을 그릇되게 꾀어 재물을 구한다면 이 죄로 말미암아 지옥에서도 한없는 고통을 받아야 하고 지옥 생활이 끝난 다음에는 그 죄로 인해 악업의 몸을 얻고 태어나 계속 고통을 받게 될 것이다.
> —『잡아함경』

점(占)은 정신분석가에게 치료를 의뢰하는 것과 같다. 이 욕구된 욕구(Die begehrte Begierde)야말로 가장 인간다운 욕구 중의 하나이기 때문이다. 살다 살다 힘들고 지쳐서 내 자신이 너무 하찮아 보일 때, 자신의 불안정한 감정을 누구에게 토로하고 싶을 때, 그리고 행복한 결론을 얻고 싶을 때, 사람들은 무당이나 점쟁이를 찾아간다. 너무 힘이 들어 스스로 끄집어 낼 수 없는 이야기를 그들의 입을 빌어 듣는다. 한참 듣다 보면 자신도 모르게 기분이 후련해지면서 탁 트이는 해방감 같은 것을 느끼게 된다. 이것이 바로 마음속 겹겹이 쌓여 있는 방어기제가 허물어지는 소리다.

"내 내면에는 신령한 다이몬(daimon)이 있어서 내가 그릇된 길로 가려 할 때는 경고의 목소리를 낸다."라고 말한 소크라테스나 케플러, 뉴턴도 점성학자였다. 샤먼들은 현실과 환상의 통합을 이루면 비범한 샤먼이 되고, 망상에 휘둘리면 정신분열자가 된다. 고대에는 샤먼이나 주술사, 제사장이 다 시인이었다. 시인과 예술가들의 조상이 샤먼이라는 사실은 참으로 흥미로운 대목이다. 점쟁이라는 말을 들으면 사람들은 우선 '신탁', '주술', '예견', '굿', '무당', '부적'을 떠올리는데 데몬(demon)과 마찬가지로 이런 명사에는 우리 의지로 통과할 수 없는 신비한 힘이라는 뜻과 함께 뭔가 비밀스런 영적 이미지가 담겨 있다. 억압받고 홀대받아 온 점이 굳이 영화에서나 소설에서처럼 미화되지 못하고 사기꾼·도둑·속임수의 상징으로 그려져 온 것이 사실이다. 그런데도 불구하고 왜 사람들이 비싼 돈을 들여 가며 쉬쉬 신분을 감춰 가며 점쟁이를 찾아갈까? 부자든, 가난한 사람이든 미래가 궁금한 것은 마찬가지다. 자존감이 높은 부자는 운보다 자기 능력에 의존하고 상대적으로 자존감이 부족한 가난한 사람은 평생 불행을 물리칠 행운을 기대하기 때문이다. 점집이 고관대작들이 사는 동네에 있다는 말을 들은 적이 없다. 소외되고 마음이 아픈 이들이 단골 고객이니 만큼 그들의 동네에 밀집되는 것이 당연한 현상이다. 따라서 달동네일수록 점집이 많다. 그만큼 수요가 많다는 의미이다. 그러나 우리가 잊어서는 안 되는 중요한 사실 한 가지가 있는데 그건 점이 우리 삶의 곳곳에 존재해 왔고 존재하며 존재할 것이라는 사실이다.

프랑스의 유명 작곡가 에릭샤티의 연인이었던 수잔 발라동은 드가나 모네와 같은 유명화가의 모델로 유명세를 떨친 여류 화가다. 발라동이 그린 〈점쟁이〉나, 발로통의 〈외톨이〉 속 여인은 카드 점을 치고 있다.

펠릭스 발로통 〈외톨이〉 1913

카드 놀이로 발가벗은 외로움은 숨을 죽인다. 이 놀이를 놀이의 위안, 놀이의 치유, 놀이의 생산성이라 부를 수 있다면 "문명은 놀이 속에서 놀이로서 생기며 놀이를 떠나는 법이 없다."고 말한 하위징아의 '유희적 인간(Homo Ludens)' 과 맥이 닿을 터. 발라동의 〈점쟁이〉 속 또 한 여인은 관능적 포즈로 소파에 누워 카드 패를 지그시 내려다보며 생각한다. "그래, 오늘 운수가 좋군. 멋진 신사가 날 찾아올 게 분명해. 오우~ 오늘도 기대되는군!" 하지만 "아가씨! 정말로 점쟁이가 하는 말을 다 믿는 건 아니죠?"

> 아일랜드에서는 이런 점을 친다지
> 접시에 반지, 기도서, 물, 진흙, 동전을 담아
> 눈을 가린 술래에게 하나를 집게 하는데
> 반지를 집으면 결혼하게 하고
> 기도서를 집으면 수도원에 가게 되고
> 물을 집으면 오래 살게 되고
> 진흙을 집으면 곧 죽게 되고
> 동전을 집으면 엄청난 부자가 된다지
> (……)
>
> —나희덕, 「진흙의 사람」 부분

거대한 가상 세계에 몰입하게 된 자본의 사생아들도 불확실한 현실을 도피하고자 주술에 의지한다. 인류학자인 말리노프스키는 '주술'

을 '테크놀로지가 인간 행위의 결과를 보장해 줄 수 없을 때 인간이 의지하여 감정의 카타르시스를 경험하게 해 주는 것'이라고 정의한다. 벽사기복(辟邪祈福)을 지향하는 주술에는 모방주술(유감주술)과 접촉주술(감염주술)이 있다. 유감주술은 알타

해리 허먼 로즈랜드 〈모든 것이 다 카드 안에 담겨 있지〉 1898

미라 동굴의 벽화에서부터 부적, 카드 그림, 식물의 키가 높게 자라게 해달라고 하늘을 향해 펄쩍 뛰며 춤을 추는 행위, 인형을 만들어 바늘을 꽂으면 상대의 그 부위가 아플 것이라는 믿음, 물개의 상징을 먹으면 정력에 좋다는 믿음 등이다. 감염주술은 떠난 사람의 물건으로 그와 대화를 지속하고, 재수 좋은 사람의 물건을 지니면 재수가 좋아진다고 믿거나, 아들 낳은 여자의 고쟁이를 입으면 아들을 낳을 수 있고, 도끼 장식품을 달고 있으면 아들을 낳는다는 등의 믿음이다.

이렇듯 모든 문화 형태(주술, 기술, 종교, 과학, 예술)는 상징적인 사유의 출현과 관계가 있다. 인간은 세상에 단순히 현전하는 것이 아니라 세계를 자신에 맞게 표상한다. 고대의 주술가가 마술을 쓰는 것도 인간의 소원을 푸는 방식 즉 욕망을 실현하는 태도의 하나이다. 초자연적인 것에 대한 두려움과 존경이 섞여 있는 감수성이 종교의 기원을 이뤄 왔듯이 선사 시대에는 종교와 예술과 주술이 하나였다. 모든 민족에게 주술이 존재한다는 것은 주목할 만하다. 주술 문화는 보편적인 인간 본성에 뿌리를 둔 것으로 인간의 의지를 통하여 실현 발전되어 왔다. 인류학을 연구하는 학자들처럼 점쟁이들은 일반인이 잡아내기 힘든 신체의 미묘한 차이를 잘 포착할 수 있는 특별한 감식안을 갖고 있거나 학습을 통

해 그런 능력을 얻은 사람이 대부분이다. 따라서 점쟁이로부터 나온 것처럼 보이는 정보는 사실 고객 자신으로부터 이끌어 내어지는 것에 다름 아니다. 불가리아의 정신과전문의 게오르그 로자노프 박사는 암시법을 통해 점쟁이가 고객의 과거나 현재를 열고서 미래를 얼른 들여다보는 순간 예언을 하는 작동 방식은 어느 점쟁이나 동일하다고 말한다.

근래에 와서 과거의 점술가들이 수행하던 역할의 대부분을 과학자들이 전담한다. 그래서 개인적인 사건만을 취급하게 된 그들의 예언은 과학적 체계를 갖고 있다 하더라도 모두 똑같지는 않다. 점을 보는 사람의 개인적 상황이 모두 다르므로 공통점을 찾는다는 것 자체가 모순이기 때문이다. 그들 사이의 공통점이라면 복채를 지불하고 자신의 발로 스스로 점집을 찾아간다는 것이다. 바로 이점이 점이 맞던지 안 맞던지 고객으로부터 비난을 받지 않는 기본 요건이 된다.

그림처럼 뉴욕에도 미아리는 있다. 뉴욕 메트로폴리탄 미술관에 '점쟁이'가 있듯이. 미국은 점성술사가 5천 명을 넘는다고 한다. 그들은 30여 개의 학원까지 거느리고 사업 중이다. 뉴욕과 점쟁이, 얼핏 어울리지 않을 것 같은 단어들이 55번가와 57번가 사이에 존재한다. "May I help you?" 대부분 집시 같은 여자 점쟁이들은 10~20달러면 손금, 타로카드, 수

프레데릭 아더 브릿지멘 〈카드 놀이하는 여인들〉 1847~1928

정구슬 점 등을 봐준다. 특별한 능력을 갖고 있는 사람들도 있다. 세계적으로 가장 유명한 점술가의 예를 들어보자.

크리스티앙 자크 감독의 영화 〈팡팡 튤립(Fanfan La Tulipe)〉(1952)에서 시골뜨기 팡팡은 자기가 건드린 촌색시와의 강제 결혼을 모면하기 위해 군대에 입대한다. 행군하던 팡팡이 가짜 예쁜 여자 점쟁이로부터 손금 점을 보는데 점쟁이는 팡팡에게 "너는 공주와 결혼할 것이며 프랑스의 가장 위대한 영웅 중 하나가 될 것."이라고 예언을 한다. 그는 악한들로부터 습격을 받는 마차를 구해 주는데 마차에 탄 사람은 다름 아닌 공주님. 구원의 대가는 한 번의 키스와 결혼!

도리스 도리 감독의 독일 영화 〈파니 핑크(Nobody Loves Me, Keiner Liebt Mich)〉(1994)는 자의식이 강한 29살의 노처녀 파니가 주인공이다. 어느 날, 아파트 엘리베이터에서 만난 심령술사가 운명의 한 남자를 예언해 주며 그 남자가 파니 인생에 있어, 마지막 남자라고 강조한다. 아르마니 상표의 옷을 입고, 고급 블랙카를 모는 30대 초반의 탐스러운 금발의 남자. 신통치는 않았지만, 기대에 찬 예언에 돈을 지불하고 행복한 미래를 만난다.

단 10분짜리 〈占〉이란 일본 단편영화에서는 서로 친구인 게이 두 남성이 젊은 여자 점쟁이를 찾아간다. 2009년 서울 LGBT영화제에서 큰 호응을 얻었던 두 사람은 연인처럼 행세하며 녹록하지 않은 운명이라는 일상을 점쟁이를 통해 따뜻한 시선으로 이야기한다.

존 퀸시 애덤스 미국 대통령의 후손인 에반젤린 애덤스는 보스턴에서 태어났다. 그녀는 자신이 친 별점의 점괘에 따라 1873년 뉴욕으로 이동하여 호텔에 거처를 정했다. 그녀는 호텔에 도착하자마자 호텔 여 주인에게 큰 재앙이 닥쳐올 것이라고 알려 주었다. 다음 날 그 호텔은 불타 없어졌고 그녀의 이름이 신문에 대서특필되자 그녀는 곧바로 미국에서 가장 유명한 점성가의 한 사람으로 손꼽혔다. 그런데 그녀의 명성이 위낙 높아지자 1914년 점을 쳤다는 혐의로 체포되었다. 놀라운 것은 그녀가 자신의 특기인 점성술을 발휘하여 무죄판결을 받았다는 점이다.

  22세기, 테크놀로지가 상상 이상으로 발달했다. 가상섹스로 클라이맥스를 경험하는 사람들의 호기심을 충족시키지 못하는 것은 역시 미래뿐이다. 미래는 아무리 상상해도 현실에서 만날 수 없는 세계이기 때문이다. 예측 불허인 삶이 궁금해질 때 사람들은 눈 딱 감고 점쟁이를 찾아가 자신의 짐을 부려 놓는다. 앞장에서부터 넘기든, 뒷장에서부터 넘기든 그것은 점쟁이 마음대로다.

  점쟁이는 희망을 파는 장사꾼이다. 루카스 반 레이덴(1494~1533)은 뛰어난 판화가로 유명하지만, 네덜란드의 일상에서 만나는 점쟁이에 천착한다. 그 점쟁이가 파는 희망이 그의 그림을 완성으로 몰고 간 위력이라면 폭력과 황홀로 점철된 붓질 또한 신비스러운 충동의 근원이겠다. 고향에서 평생을 살았던 레이덴은 아버지에게 그림을 배운 다음 코르넬리스 엔헤브레흐츠(1468~1533)의 제자가 됐으며 1521년 안트베르펜에서 뒤러를 만났다. 반 레이덴이 12명의 인물 성격에 집중하여 주제를 더욱 생생하게 표현하는 데에는 뒤러 작품이 그에게 미친 영향이 고스란히 투영되어 있다. 사랑과 게임의 허무함을 암시하는 〈점쟁이〉는 초기작이지만 이미 색채주의자로서 기술과 솜씨를 발휘하고 있다. 생동감이 넘치는 개별 인물들에게 그는 습관처럼 하고자 하는 말을 우화나 비유로 돌려 섬세하게 묘사한다. 배경에 있는 검은 수염의 남자는 특히 매력적인데, 꿰뚫는 듯한 눈빛으로 응시하고 있는 그의 불길한 표정이 창백한 점쟁이와 대조를 이룬다. 그림 표면은 아름다운 패턴처럼 보이며, 모피와 실크부터 유리와 사람의 살갗까지 다양한 감촉이 훌륭하게 표현됐다. 그는 원근법 없이 모든 인물들을 그림의 앞면에 일직선으로 당겨 세워 관람자가 그림 속 인물들

루카스 반 레이덴 〈점쟁이〉 1508-1510년경, 루브르 박물관

사이에 있는 듯한 효과를 창출한다. 나도 그들 사이에 끼어 점쟁이 말을 좀 더 가까이 듣기 위해 내 안으로 귀를 말아 넣었다.

새해다. 어제와 다른 날들이 기다리는 커다란 태양이 희망을 품는다. 신은 망각이라는 선물을 주셨지만 지난해를 돌아보면 후회밖에 없어 불안하다. 그렇기에 사람은 좀 더 잘 살아 보고자 점쟁이를 찾는다. 언제 결혼할 수 있을까? 하는 사업은 잘 될까? 현실이 안개같이 답답할 때, 하는 일마다 도루아미타불이 되어 두려움이 생길 때, 장난기 어린 호기심이 발동할 때, 점집을 찾은 그들은 하나같이 새로운 날에 대한 희망으로 복채를 낸 것이다.

아프니까 청춘이다처럼 젊다는 것은 혼돈을 의미한다. 미래가 궁금해 점쟁이를 찾아간 젊은이를 그린 작품이 조르주 드 라 투르(Georges de La Tour, 1593-1652)의 〈점쟁이〉다. "지나간 과거에 얽매이지 말고, 오지도 않은 미래를 미리 걱정하지도 말며, 오직 오늘에 충실하라."는 붓다의 말씀이 새록새록 생각나는 작품이다.

귀족 젊은이가 손을 내밀고 서 있고 터번을 쓴 못생긴 집시 여인이 젊은이의 손금을 본다. 늙은 집시 여인의 얼굴이 보기 흉해 인상을 찌푸린 채 시선을 옆의 아름다운 여자에게 보낸다. 정신이 아뜩해지고 가슴은 터질 듯 뛰기 시작한다. 그 여인 역시 젊은이에게 시선을 두고 있다. 여인의 작은 가슴은 터질 듯 콩닥거리고 볼은 빨갛게 물든다. 눈썹이 짙은 베레모가 잘 어울리는 젊은이도 잠시 망설인다. 엉겁결에 그녀의 마음을 헛디딘 것일까? 자신의 호감 어린 눈길에 싫지 않은 눈길로 응답하던 그녀의 속내를 헛짚었을 리 없는데…….

노파의 예언에 온 신경을 집중하느라 화면 왼쪽에 있는 여인이 청년 주머니에서 지갑을 꺼내지만 그는 이 사실을 알아채지 못한다. 청년은 손금을 내보이면서도 성적 욕망에 정신이 팔려 자신의 주머니를 뒤지는 여자의 손길을 느끼지 못하는 것이다. 청년의 돈을 훔치려고 공모한 여인들은 젊은 여인을 곁에 두어 그를 유혹하고 있다. 라 투르는 점쟁이에 속고 있는 젊은이(주로 카드 놀이)들을 많이 그렸다. 이런 작품들 속에는 대개 풍자, 은유, 아이러니, 경계의 의미가 포함되어 있다.

조르주 드 라 투르 〈점쟁이〉 1635

그는 인간 내면의 모습을 깊이 있게 표현했으며, 단순 명료한 분위기와 명암의 대비, 인물의 기하학적인 대치와 세련된 단채화법(單彩畵法) 등을 종교화에 접목시켜 새로운 작품 세계를 열어 현대미술사에 커다란 영향을 주었다. 로렌 공작의 후원을 받았던 그는 마침내 루이 13세의 눈에 띄게 되었다. 그의 작품에 깊은 감명을 받은 루이 13세는 침실에 있던 다른 그림은 다 내보내고 라 투르의 작품 한 점만 걸었다는 일화에 걸맞게 1639년에 그를 파리로 불러 상금 천 프랑과 '황실화가 조르주 드 라 투르 경'이라는 칭호를 하사하였다.

현금 결재만 가능한 점! 점은 인간이 존재하는 한 사라지지 않을 것이다. 점은 인간의 가려운 등을 긁기 위해 인간이 만들어 낸 도구이기 때문이다. 더구나 현대화된 점집들은 낡은 이미지를 벗고 낡은 골목에서 나와 대학로나 높은 빌딩 상가, 카페에서 젊은이들과 만난다. 신세대의 취향에 맞춘 서비스 공략으로 장사는 오히려 옛날보다 더 번성하다. 무선 인터넷의 '점집'이 운세·해명·성명학 등을 서비스하고 입시·취업 시즌이 되면 접속이 불가능할 정도로 성업 중이다. 심지어 증권 사이트까지 역술인들이 점령하여 주가·유가까지 예측하는 것을 볼 때 점이 미래를 예측하기도 하지만 현실 또한 중시했으며 나름 열정으로 지혜로운 삶의 태도를 처방해 온 점은 일면 인정해야 할 부분이다.

카라바조의 〈카드놀이 사기꾼〉은 거리에서 점을 치는 젊은 여자 점쟁이를 만난 여인이 복채를 건네자 마자 묻는다. "이 사람이 나의 오두막을 자기에게 달래요. 어찌해야 될까요?" 점쟁이는 믿을 수

카라바조 〈카드 놀이 사기꾼〉 1596

카라바조 〈점쟁이〉 1595, 루브르 박물관

없다는 눈길로 남자를 쩨려보며 "절대로 주면 안 됩니다. 후회할 테니까." 애정의 감각을 전달하는 신경조직은 빛의 속도보다 빠르게 작동한다. 섹스 이외의 경제 능력이 없는 남자를 신뢰할 여자는 없다. 너무 오랫동안 가난을 유지하면 사랑이 창문 밖으로 뛰쳐나가듯이. 아무도 없는 호젓한 숲길, 주저앉은 두 사람은 복잡하게 교차하는 감정을 서로 드러내며 지나가는 바람에 짙은 풀 냄새와 흙냄새가 남녀 사이에 퍼지곤 했었는데…….

여인이 오른손을 남자 쪽으로 펼치며 그것 봐 내 말이 맞아 당신은 관리능력이 부족해서 아직은 안 돼. 정말 나야 주고 싶지. 이 여인 속마음이 진정 그럴까요? 비틀어진 입술로 성취되지 못한 불행한 소유를 암시하는 동안 어디서 나타났는지 점쟁이의 기둥서방은 점쟁이의 붉은 주머니에 손을 넣어 방금 받은 복채를 "이번 딱 한 번만."이라고 귓가에 속삭이며 꺼내 간다.

손금은 손바닥만 펼치면 쉽게 볼 수 있다. 오래전부터 운명을 점칠 때 제일 먼저 등장하는 단골 메뉴다. 마음을 전달하고 싶어 안달이 난 젊은이들은 곧잘 손금을 핑계 삼아 이성의 손을 슬쩍 만져 보며 쾌재를 부른다. 얼굴 모습이 사람마다 다르듯이 손금 또한 모두 다르다.

며칠 전 인터넷에서 '손금'을 검색해 보았다. 부자 손금이란 삼지창 손금이란다. 손목부터 새끼, 약지, 가운뎃손가락 쪽으로 세 줄이 곧게 올라간다. 오래전 TV에 나온 100억 할머니 손금, 이건희 회장 손금도 삼지창이란다. 이 사실을 안 사람들은 삼지창 손금 만든다고 다들 손톱으로 줄을 긋다 심하면 성형을 한다나. 남자들의 우상인 식스 복근도 성형 열풍이라더니 에고 어찌 될려고 손금도 성형 중이라니, 믿거나 말거나다. 정말 그렇다면 결론인 즉 집에서 삼지창 손금이나 만들지 왜 힘들여 눈치 보고 회사에 나가 일을 하냐구요. 삿된 망언에 휘둘리지 않는 사람은 손금 만드는 대신 스스로 자신의 운명을 개척하겠죠?

게타노 벨레이 〈저금〉 1899

손금으로 개인의 운명을 점치는 큰 원칙은 동서고금이 다 같다. 엄지손가락을 굽힐 때 뚜렷해지는 손금이 생명선이며, 나머지 손가락을 굽힐 때 뚜렷해지는 손금 중에서 몸 쪽에 있는 것이 행복선, 먼 쪽에 있는 것이 재산선이다. 생명선과 행복선은 엄지손가락 쪽에서, 그리고 재산선은 새끼손가락 쪽에서 시작한다.

프랑스에서는 행복선을 감정선, 재산선을 지능선이라 부른다. 프랑스 사람은 행복하기 위해 감정이 풍부해야 하고, 재산을 모으기 위해 머리가 좋아야 한다고 보았기 때문이다. 손금은 점을 칠 때만 중요한 것이 아니라 유전병을 진단할 때에도 이용된다.

장 비버트 〈점쟁이〉 1840~1902

요새도 남의 과거를 족집게처럼
집어내는 점쟁이를 심심찮게 봅니다
그들은 특히 행복한 사람보다는 불행한 사람의
과거를 집어내는데 명수지요. 점쟁이는 그렇게
팔자 사나운 이들의 마음을 사로잡은 다음 처방을
내립니다. 언제 더 나은 남편감이 나타날 거라는 둥,
언제쯤은 큰돈이 생길 거라는 둥, 점쟁이의 특징은
과거를 알아맞히는 데 있는 게 아니라 인간의
간사한 욕망을 부추겨 더욱 목마르게 하는
데 있습니다. 목마른 자를 골라잡아
소금물로 처방을 하는 식이지요

―박완서, 『옳고도 아름다운 당신』 중에서

내일의 희망 한단에 행운의 기대를 그린 발렌틴 드 불로뉴(1591~1632)의 〈점성술사〉는 당시 노동자와 점쟁이의 일상을 사실적으로 표현했다. 허름한 선술집 탁자에서 여자 점쟁이에게 손금을 본다. 점 꽤를 들으며 노동자의 눈은 자신의 오른쪽 손금을 따라가고 다른 한 손으로는 의자를 꼭 붙잡고 있다. 의자를 잡은 손은 하루 일당을 복채로 낸 만큼 확실한 행운의 예언을 듣고 가겠다는 남자의 의지를 보여 준다.

발렌틴 드 불로뉴 〈점성술사〉 1628, 루브르 박물관

깃털 달린 모자는 귀족의 상징이지만 배경이 되는 선술집은 그가 몰락한 귀족임을 의미한다. 턱을 고이고 같이 듣고 있는 남자의 멍한 표정으로 보아 개인적인 관심을 보일 만한 가치 있는 몇 안 되는 철학 친구는 아닌 듯, 어쩜 점괘가 그리 밝지만은 않은 것 같다.

정신분석학자 이부영은 『아니마와 아니무스』에서 "모든 사람들 마음속에는 왕자와 공주가 있다. 이 집단 무의식이 만들어 내는 원시적 이미지를 '원형(archetype)'이라 한다. 심리적 원형 중 가장 대표적인 것이 아니마와 아니무스인데 인간은 남성적인 잠재력과 여성적인 잠재력을 모두 지닌 양성적인 존재라는 의미이다. 흔히 비너스나 헬레네, 이브, 성모 마리아 그리고 현대의 마릴린 먼로나 마돈나, 조디 포스터 같은 여성들은 다른 수준의 의미를 지닌 아니마로 작용한다고 보겠다. 반대로 왕자로 상징되는 아니무스는 사람들 마음속에 깃든 남성성이다. 남성적인 책임과 믿음, 잔인함과 광폭성을 아우르는 이 심리적 원형은 흔히 아폴로나 헤라클레스, 타잔 혹은 간디나 낭만적인 브래드 피트의 모습 등에서도 찾을 수 있다. 즉 점에 의지하고픈 생각 속에는 원형의 공주와 왕자를 만나고 싶어하는 심리가 깔려 있다."라고 말한다.

해리 허먼 로즈랜드 〈찻잎 점〉 1910

로즈랜드의 〈찻잎 점〉은 두 아가씨가 차를 마신 다음 찻잔에 남아 있는 찻잎으로 점을 치고 있다. 무슨 걱정이 있어 왔을까요?

아~ 봄! '4월은 잔인한 달/언 땅에서 라일락을 피워 올리고/기억을 욕망과 뒤섞어 놓는/죽은 뿌리를 봄비로 잠깨워 놓는…' 으로 시작하는 엘리엇(Thomas Stearns Eliot, 1888~1965)의 시 「황무지(The Waste Land)」는 5부로 나누어져 있다. 그중 제4부가 점쟁이가 예언하는 재생이 거부된 죽음을 암시하는 〈물로 인한 죽음〉이다. 4부에 이런 구절이 있다. '…그가 솟구쳤다 가라앉으면서/그는 자신의 노년기와 청년기를 그대로 지나쳤다…'. 몇 시간 후 나는 엘리엇의 시에 취하고 불로뉴의 세밀한 붓질에 넋을 놓으며 인생의 화려한 거짓말에 몽롱해질 것이다. 누군가는 "청년기에 시인을 꿈꾸지 않는 사람은 어리석다. 그리고 이십대가 넘어서도 시인을 꿈꾸는 자는 더 어리석다."라고 말했다. 하지만 고대 그리스 시대의 시인은 점치는 예언자, 선지자적인 사람이며, 원시시대에는 하늘에 제사 지내고 길흉화복을 점치는 무당, 제사장이었다. 그때나 지금이나 사람들은 원한다. 희망의 주크박스에서 가슴이 터질 듯한 성취감과 주단처럼 곱게 빛나는 유대감과 눈에 보이는 거대한 소유가 음악처럼 흘러나오기를.

윌리엄 맥그리거 팍스톤 〈찻잎 점〉 1909

이제 우리는 모든 것을 알고 있으니까 질문을 시작할 수 있다. 내 안의 카오스를 깨우는 주술, 그 희망 한 단 얼마죠?

종종걸음들이 숨 가쁜
전철역 출구 한 모퉁이
때 묻은 보온 박스를 안고
占점치는 여인이 있다

행인들의 표정을 보고 점을 치는
그녀의 보온 박스 속에는
은박지에 포장된 행복들이
주인을 기다리고

순간순간의 점괘에 따라

하나, 둘 행복이 떠나고 나면
가벼워진 박스 위 무게만큼이나
배가 부른 호주머니를 보면서
변함없이 장사가 잘되어 주기를
간절히 빌어 보곤 한다

(……)
시청 앞 전철역 1번 출구에는
오늘도 천 원짜리 한 장에
행복 한 줄을 바꾸어 주는 점치는 여인이 있다

―이승재, 「여인」 부분

 세상엔 매일 김밥 한 줄로 하루의 행복을 점치는 사람이 있는 반면 일 년에 한 번 〈크리스마스 아침〉에 일찍 일어나 꺼지지 않은 촛불 밑에서 선물을 찾는 희망도 있다. 그대는 하루의 행복을 무엇으로 점치는지요? 터키에는 커피를 마시고 난 뒤의 커피 흔적으로 점괘를 말하는 점집도 있다 하니 한번 들러 보면 어떨까요?

 오컬트(Occult)란 과학적으로 설명할 수 없는 초자연적인 현상이나 신비로운 지식을 뜻한다. 어원은 라틴어? '오컬티즘(Occultism)', '오쿨투스(Occultus 숨겨진 것, 비밀)'에서 유래되었다. 언뜻 비슷해 보이지만 소수의 열광적 마니아 집단을 연상시키는 컬트(Cult)와는 전혀 다른 개념이다. 그런 의미에서 오컬트 문화란 초자연적인 요술이나 주술, 심령술, 점성술, 예언과 같은 신비적인 요소가 포함된 범주들이다. 점성술, 관상, 사주, 풍수지리, 타로카드, 주문이나 의식, 부적, 연금술, 마술 등이 바로 그 문화의 예라고 할 수 있다. 김태경감독의 영화 〈미확인 동영상: 절대클릭금지〉(2012), 윌리엄 프리드킨의 영화 〈엑소시스트〉(1973), 리처드 도너 감독의 〈오멘(The Omen)〉(1976) 등의 작품은 공포영화 중 역대 최고 흥행 기록을 세우며 오컬트 영화의 정착에 결정적인 역할을 했다.

〈13일의 금요일〉, 〈나이트메어〉의 엽기적 잔인성이 주는 공포감과 비할 바가 아니었다.

헨리 모슬러 〈크리스마스 아침〉 1916

영화 속에서 주인공들은 인형으로 귀신을 불러내어 공포감을 조성하는 것은 초월적 존재에 대한 인간의 근원적 두려움을 현실처럼 생생하게 표현하는 것일터. 이런 사이비 문화에서 악령 등의 추상적 대상에 집착하는 데는 무엇보다 현실 세계의 실재(實在)와 대면하기를 두려워하거나 그로부터 도피하려는 그림자 심리가 깔려 있다. 그들끼리만 통하는 그 세상에선 어떤 황당한 주장도 확인받을 필요가 없어 자유롭고, 그러니 책임질 일도 없다. 고립과 불안, 아집의 벽이 날로 두터워가는 우리 사회의 모습이 딱 이렇지 않은가.

마르크 샤갈 〈에펠탑의 신랑과 신부〉 1938, 작가 소장

결혼식 날

가능한 한 일찍 결혼하는 것은 여자의 비즈니스이고,
가능한 늦게까지 결혼하지 않고 있는 것은
남자의 비즈니스이다.

—B. 쇼

그대를 만나고
그대의 머릿결을 만질 수가 있어서
그대를 만나고
그대와 마주 보며 숨을 쉴 수 있어서
그대를 안고서
힘이 들면 눈물 흘릴 수가 있어서
다행이다
그대라는 아름다운 세상이 여기 있어 줘서

—이적 노래, 「다행이다」

파피루스 그림 〈고대 이집트 결혼식〉

오귀스트 툴무슈 〈입맞춤〉 1855

Wedding! 행복한 결혼식 날! 어디선가 결혼 축가가 달콤하게 들려온다. 해도 후회, 안 해도 후회한다는 결혼. 결혼이란 무엇일까? 인간은 왜 봄·가을에 결혼식을 많이 할까? 모두 그때가 번식을 잘 시킬 수 있고 그 후에 씨앗 관리나 아기 기르기에 좋으니 그럴까? 어느 문명이든 결혼사는 억압과 핍박의 역사였다. 혼인은 애정 없는 거래이며 계약인 경우가 많았다. 원시시대 혼속에 대해서는 알려진 바 없다. 종족 보존을 위해 다른 부족의 여자를 뺏고 빼앗기고, 약탈당하고 또다시 약탈해 오던 풍습이 오늘날의 결혼으로 굳어졌다는 것이 일반적인 설이다. 역사를 거치며 변화, 발전하며 변신을 거듭한 것이 결혼이다. 그러나 고대에는 잡혼(雜婚, 일정한 부부 관계 없이 무질서한 성적 결합)과 군혼(群婚, 원시 공동체에서 여러 명의 남녀가 서로 공동의 배우자가 되는)이 혼재되었을 것이라 추측되며, 고조선의 부여에서는 가계(家系)를 중요시하여 형이 죽으면

형수를 아내로 맞이하고, 동옥 저에서는 민며느리의 혼인 풍습이 있었다. 고구려 시대에는 모계 중심의 풍습으로 서옥(데릴사위)의 혼속이 있었고, 신라 시대에는 왕족의 순수성을 유지하기 위하여 근친혼이 있었으며 삼국 통일 이후 고려 시대에도 근친혼이 성행하였다. 근친혼이 전면적으로 금지된 시기는 조선 시대부터이다.

마커스 스톤 〈결혼식〉 1887

고려 시대에는 1부 1처제로 남자가 여자 집으로 장가를 갔다. 이 결혼풍습은 '솔서혼' 또는 '서류부가' 라 하는 처가살이를 뜻한다. 그러나 "겉보리가 서 말 있으면 처가살이는 하지 않는다.", "뒷간과 처가는 멀수록 좋다.", "출가외인."이라는 말이 무색하게 현대 결혼 풍습은 처가 곁에 살림집을 얻고 처가에 아이를 맡기고 한발 더 나아가 처가살이를 담담이 실행한다. 아이러니하게도 또다시 고려 시대와 같아지고 있는 실정이다. 이렇게 20C에 들어서며 결혼은 좀 더 개인적인 것으로 변모한다. 변증법적 타협을 시도하는 결혼의 스펙트럼은 무한대이고 인간들이 매혹을 느끼는 결혼의 포인트는 많지만 속 좁기로는 편협한 갈급성을 따를 자가 없다. 왕좌까지 버리고 결혼에 골인했던 세기의 부부인 윈저공과 심슨 부인이 있는가 하면, 『레테의 연가』에서 "사랑은 왜 이별, 죽음 아니면 꼭 결혼으로 끝마쳐야 하는 거죠?"라고 말하는 이문열도 있다. 그럼에도 불구하고 많은 젊은이들은 결혼의 은덕을 찬양하며 반지라는 작은 수갑을 차려고 덤벼들지만 찬양하는 사람을 부도덕하게 바라보는 솔로 부대의 불편한 시선이 점점 늘고 있는 것도 요즈음의 변화된 결혼 문화 트렌드이다.

> 당신 부부 사이에 빈 공간을 두어
> 하늘의 바람이 그대들 사이로 춤출 수 있게 하라
> 서로 사랑하라
> 그러나 포개어지지는 마라
> 그대들 영혼의 해변 사이에 출렁이는 바다가 있게 하라
> 상대방의 잔을 채워 주되 한 잔으로 마시지 말라
> 당신의 빵을 상대방에게 주되 같은 빵을 서로 먹지 말라
> 함께 노래하고 춤추며 즐거워하라
> 그러나 각각 홀로 있도록 하라
> 마치 거문고의 줄이 같은 음악을 따라 움직이면서도 혼자 있는 것과 같이
> 당신 마음을 주어라 그러나 상대방의 세계를 침범하지 마라
> 생명의 손길만이 너의 심장을 가질 수 있기 때문이다
> 함께 서라 그러나 너무 붙어 서지는 말라?
> 성전의 두 기둥은 서로 떨어져 있으며
> 전나무와 사이프러스 나무는 서로의 그늘 속에서는 자랄 수 없기 때문이다
> ─칼릴지브란,「사랑과 결혼의 시」

초현실주의자 앙드레 브르통이 "은유가 성공적으로 드러나는 그림." 이라고 격찬한 샤갈은 야수주의 색상과 입체주의의 분해된 대상과 초현실주의의 환상적 구도를 〈에펠탑의 신랑과 신부〉에서도 반복적으로

보여 준다. 이 그림은 말년에 니스에서 살던 샤갈의 저택에 걸려 있던 작품이다. 신랑과 신부가 거대한 새에게 의지해 날아오르고 있다. 끝도 보이지 않는 에펠탑을 향해 올라가고자 하는 이들 부부의 불확실성에 대한 긍정의 과제이다. 샤갈은 화단에서 초현실주의의 창시자로 숭앙받지만 정작 자신은 어떤 사조에도 몸담지 않고 작품을 생산했다. 그는 주로 동물, 일하는 남자, 연인, 악사, 바이올린, 꽃 모티브들을 자주 그렸다. 마음이 답답하고 현실이 꽉꽉할 때 샤갈의 그림은 판타지를 선물한다.

〈여자 곡마사〉와 함께 〈에펠탑의 신랑과 신부〉그림 속에도 동물과 인물이 뒤섞인 채 3개의 바이올린이 그려져 있다. 이렇게 바이올린이 많이 등장하는 것은 샤갈이 러시아의 작은 유대마을, 비테프스크에서 보낸 유년과 유대인으로서 샤갈이 품고 있던 자기 정체성과 관계가 깊다. 그곳 유대인 공통체에서 바이올리니스트는 중요한 위치를 차지했기 때문이다. 샤갈은 그가 자라난 마을, 비테프스크에서 보아 온 모습을 동화처럼 밝은 색상으로 꿈 같은 배경을 만든다. 러시아 정신과 유대인의 전통이 함께 섞인 비테프스크가 그에게 모든 영감의 원천이 되었듯 그의 그림은 지루한 대량생산의 블랙 유머와 단절에 둘러싸여 살아가는 현대인들에게 일상을 깨뜨리는 힌트를 준다. 세상을 탓할 게 아니라 당신 자신이 고유한 색을 지닌 특별한 사람임을 깨달으라고, 그리하여 사랑하는 사람에게서 비춰지는 향기로운 빛을 찾아 아름다운 이름을 불러 주라고.

참으로 이상한 일이다
새장 밖의 새는
새장 속으로 기를 쓰고 들어가려 하는데

새장 안의 새는

목숨을 걸고 새장 밖으로 나가려 하네

새장의 이름은? 결혼!

—몽테뉴,「결혼이란 새장」

얀 반 에이크 〈아르놀피니의 약혼〉 1434, 런던 내셔널 갤러리

책이나 영화, 드라마에 나오는 결혼은 대부분 로맨틱하고 아름답다. 그러나 얀 반 에이크의 〈아르놀피니의 약혼〉 속 잔뜩 치장한 신부는 늙은 신랑과 즐겁지 않다. 두 사람이 잡고 있는 손의 모양에 대해서도 일부 학자들은 결혼 서약의 증표로, 또 다른 쪽에서는 뱃속의 아이의 미래를 점치기 위해 손금을 보는 것이라고 주장하기도 한다. 아르놀피니와 동향인 조반나 체나미라는 아름다운 이 유부녀는 남편에게 내려진 추방령이 해제되도록 힘 좀 써 달라고 부탁하러 왔다가 그만 납치당해 그의 후처가 된 경우다. 운수 사납게(?)도 그의 탐욕의 제물이 된 것이다. 그는 정식으로 혼례를 치른 순간을 그림으로 남기기로 미리 마음먹은 사람처럼 체리향이 정원에 가득한 어느 날 당대 플랑드르 최고의 화가인 얀 반 에이크와 결혼의 증인이 될 친구 한 명을 자신의 신방으로 초대한다. 여인들을 농락하는 데 쏟았던 자신의 부와 명예를 이 한 장의 그림에서 드러내고자 집요한 모색을 강구한다.

충성과 사랑의 상징으로 개를 놓는가 하면 이 그림에서 핵심 포인트

콘스탄틴 마코프스키 〈러시아 귀족의 결혼 축제〉 1883

로 침대 윗부분 벽에 거울을 부착한다. 그림에서는 잘 드러나지 않은 위태위태한 방 안의 진실이 거울 속에서 명확히 그 실체를 드러낸다. 창밖의 정원과 천장의 모습 그리고 방 앞으로 길게 뚫린 복도가 한눈에 들어온다. 무엇보다도 그림에서는 보이지 않던 두 남자가 등장한다. 바로 아르놀피니의 초대를 받은 화가 반 에이크와 혼인의 증인이다. "얀 반 에이크 여기에 있었다."라고 거울 위쪽에 비스듬히 써 넣음으로써 완전한 결혼을 증명해 내고 있다 할지라도 자신의 존재 가치에 대해 사유하던 우울증 신부가 훗날 이 그림을 보며 브레인 워싱(brainwash)하지 않을까 싶다.

햇살 높은 하늘이 아침을 깨우면 행복은 눈부셔
손을 내밀면 어느새 너는 코앞에서 웃고 있잖아
세상 수많은 인연 가운데 널 만나 비로소 사랑을 알았지
언제까지나 오늘 같다면 이렇게 살았으면

앙리 루소 〈시골 결혼식〉 1904~1905

너를 볼 때면 마치 나를 보는 듯. 나의 모습은 너를 닮아가
우산 속에도 커피 한잔에도 꿈을 꿀 때도 언제까지나
넌 나와 함께 있는 거야
In this paradise. 때로는 다툴지 몰라

—신승훈 노래, 「어느 멋진 날」

결혼의 계절 봄이다. 총알처럼 빗발치는 청첩장 사이로 신승훈의 「어느 멋진 날」이 쏟아 진다. 참 많은 인연들이 만나서 사랑하고 종착역이라 믿는 결혼에 도착한다. 새 유람선을 함께 타고 망망대해로 나가는 새 얼굴들이 마냥 궁금하기만 하다.

1908년 어느 날, 피카소의 세탁선(화실)에서 브라크, 아폴리네르, 막스 자코브 등 많은 젊은 예술가와 화상들이 긴 테이블 앞에 앉아 한 사람을 기다리고 있다. 벽에는 피카소가 골동품 가게에서 5프랑 주고 산 여인상 그림이 걸려 있다. 이 5프랑짜리 그림을 그린 화가를 기다리고 있는 것이다. 그때였다. 왼손에 단장, 오른손에 바이올린을 든 초로의 신사가 모자를 쓰고 나타났다. 신사는 자작곡 '클레망스'(죽은 부인의 이름)를 연주했고, 아폴리네르는 그를 위하여 즉흥시를 지었다. 그를 위한 축제의 밤이었다. 이무명의 가난한 화가는 아마 그 밤을 결코 잊지 못했으리라. 그 후 2년 뒤 세상을 떠난 앙리 루소다. 그는 49살의 나이에 25년 동안 다니던 세관의 하급 관리 자리를 그만두고 마치 무엇인가에 홀린 사람처럼 진짜 보헤미안이 되었다. 그리하여 아카데미즘의 전통을 과감히 무시하고 자신의 자유로운 시선으로 소박한 아름다움과 원시의 야성을 작품 속에 녹여냈다. 나이브아트(naive art, 소박파 미술)의 전형인 것이다. 세속적 욕망의 해금 시대를 지나 이제는 홀로 남겨진 쓸쓸한 루소가 멀어져 간 사람들을 그리워하며 한 사람 한 사람을 그리는 〈시골 결혼식〉에 눈시울이 찡한다. 옛 사진을 보며 가족의 모습을 그려 나간다.

제임스 티소가 그린 〈무도회〉는 작은 화폭 한가운데 노란 드레스를 입은 젊은 여인을 내세워 사교계를 날카롭고 비판했다면, 장 베로의 〈사교계의 밤〉은 파티를 즐기는 사람들을 화기애애하게 묘사했다. 그림에서 제일 먼저 그리고 가장 강렬하게 보는 이의 시선을 끄는 것

장 베로 〈사교계의 밤〉 부분 1878

은 붉은 커튼과 샹제리제와 화려한 레이스 장식들이다. 금방이라도 화려한 무도회 속 선남선녀들이 뛰쳐나올 것 같다. 붉은 커튼과 샹들리에, 특히 하얀 드레스 자락들의 살아 움직이는 모습이라니. 결혼식 피로연인가? 화려한 파티다. 고급 살롱에 모여 정치, 경제, 외교, 계약 결혼, 사랑, 학술에 대해 이야기한다. 이렇듯 존재의 일상적 분투를 우아한 미소와 격조 있는 매너로 바꿔 남자들에게 형상화하는 여인들은 유혹이라는 걸작을 탄생시키게 된다. 오른쪽 가슴에서 왼쪽 드레스 앞단 끝으로 늘어진 붉은 꽃 장식을 한 S라인의 여인이 나를 바라본다. 어? 어디서 만난 얼굴이지?

"첫째 서로 사랑하고 관계를 지키는 동시에 각자 다른 사람과 우연히 만나 사랑에 빠질 권리를 허락할 것. 둘째 서로 어떤 것도 숨기지 않고 거짓말하지 않을 것. 셋째 두 사람 모두 경제적으로 독립할 것……."

부사를 에두아르 들로르 〈퐁텐블루 숲의 결혼식〉 1888

1929년 11월 세기의 커플인 장 폴 사르트르와 시몬 드 보부아르가 만든 계약 결혼서이다. 이들은 왜 계약서를 만들었을까? 부모 될 준비가 부족했을까? 아예 되고 싶지 않았을까? 사르트르는 권위적이고 억압적인 아버지가 될까 두려워했고 보부아르는 아기에게 젖 물리는 행동을 극히 혐오했다고 한다. 당초 2년 동안 맺었던 계약은 50년 넘게 이어져 사르트르가 먼저 죽을 때까지 계속됐다. 계약 결혼의 효시인 이들 이후 계약 결혼에 대한 환상은 줄어들지 않고 있다. 최근 이혼한 타이거 우즈와 부인 엘린 역시 계약 결혼이었다.

> 꽃은 피어도 소리가 없고,
> 새는 울어도 눈물이 없고,
> 사랑은 불타도 연기가 없더라
>
> 장미가 좋아서 꺾었더니 가시가 있고,
> 친구가 좋아서 사귀었더니 이별이 있고,
> 세상이 좋아서 태어났더니 죽음이 있더라
>
> 나, 시인이라면
> 그대에게 한 편의 시를 드리겠지만
> 나, 목동이라면
> 그대에게 한 잔의 우유를 드리겠지만
> 나, 가진 것 없는 가난한 자이기에
> 오직 드릴 것은 사랑뿐이라!
> ―마야 안젤루, 클린턴 대통령 취임식 여성, 흑인 최초 낭송 시
> 「오직 드릴 것은 사랑뿐이리」

윌리엄 호가스 〈메리와 버킹험의 결혼식〉 1729~1730, 맨하탄 메트로폴리탄 박물관

누군가의 하루를 이해한다면 그것은 세상을 모두 아는 것이다. 그렇다면 결혼이란? 누군가의 하루를 이해하기 전에 자신의 하루를 이해받으려다 상처를 받는 긴긴 항해라면 오독일까? 하염없이 외부를 바라보는 결혼은 불행하다. 문을 열었으면 문안도 살피고 문밖도 살피면서 유쾌함과 불쾌함을 동시에 추동해야 하는 위악이 되어야 한다.

그리스 전통 결혼식에서 신부는 오래된 철 조각을 지붕으로 던지는데, 이것은 새 집에서 발휘될 그녀의 능력과 힘을 상징한다. 신랑 신부의 차에 깡통을 달고 요란한 소리를 내는 것은 여러 사람에게 알리기 위함이고, 씨앗이나 열매를 던지는 것은 자손을 많이 보라는 주술적 의미이며, 끈으로 묶거나 같이 톱질을 하는 것은 오래오래 살고 협력하라는 뜻이 담겨 있다. 그중에서 가장 눈에 띄는 전통은 결혼식 날 신부의 친구나 친척 중 미혼 여성의 이름을 모두 신부의 신발 바닥에 적는 것이다. 식을 마친 후 신발을 검사했을 때 이름이 가장 많이 닳아 없어진 사람이 다음으로 결혼하게 된다는 주술적 의미가 강하다. 우리의 부케 던지기와 같은 전통이 그리스에서는 신부의 신발 바닥에 숨겨져 있다.

이제 두 사람은 비를 맞지 않으리라
서로가 서로에게 지붕이 되어 줄 테니까

이제 두 사람은 춥지 않으리라

서로가 서로에게 따뜻함이 될 테니까

이제 두 사람은 더 이상 외롭지 않으리라
서로가 서로에게 동행이 될 테니까

이제 두 사람은 두 개의 몸이지만
두 사람의 앞에는 오직
하나의 인생만이 있으리라

이제 그대들의 집으로 들어가라
함께 있는 날들 속으로 들어가라
이 대지 위에서 그대들은
오랫동안 행복하리라

—인디언 아파치족, 「두 사람」

백일·돌잔치, 결혼식, 회갑연, 초상집, 절집에 가서는 배가 불러와야 행복하다. 이럴 때는 꼭 먹기 위해 사는 것 같다. 브르겔의 〈농부들의 결혼식〉 역시 풍성한 잔칫상에 제일 먼저 눈을 사로잡는다. 왕실과 달리 복잡한 속내를 드러내지 않는 시골 결혼식에는 조촐한 밀죽에 거친 빵이나마 마음껏 먹을 수 있는 날이다. 동서양이 따로 없이 풍성하게 음식을 대접하는 것이 잔치의 미덕이었던 것이다.

피터 브르겔 〈농부들의 결혼식〉 1568, 빈 미술사 박물관

왕이여 무릎 꿇지 마소서

소녀는 낮은 자입니다

저 같은 이에게 베풀지 마소서

그대의 마음을 주지 마소서

가진 것 없는 자의 욕심이 많음이니

더 이상 어리석은 생각을 하기 전에

왕이여 제발 그 몸을 펴소서

그대가 가진 것이 없다고 누가 그랬소

내 눈에 그대는 황금보다 귀한 꽃이오

내 손의 왕관보다 무거운 마음이오

그대가 가진 것이 없어서 오히려 기쁘오

온전히 나로써 그대를 채울 수 있으니 말이오

―알프레드 테니슨, 「코페투아 왕과 거지 소녀」

   결혼식 날이다. 처녀와 총각으로 살아온 날들이 온 것이 아니다. 결 곡한 시간의 눈동자와 꽃과 향도 친구들과 함께 온 것이 아니다. 돈 때문에 어쩔 수 없이 결혼 맹세를 하는 신부의 두 눈은 금방이라도 눈물이 떨어져 내릴 것 같다. 늙은 신랑은 촛불을 들고 사제는 신부 손가락에 결혼반지를 막 끼워 주려는 번제(燔祭) 순간이다. 파동과 몰입이 한꺼번에 신이 되는 성스러운 결혼식의 정점이다. 주례를 보는 사제는 근엄하게 수염이 길게 늘어진 유다의 제사장이다. 뒤쪽에는 신랑의 친구들인지 다 늙은 표정들이 부러움과 질시의 희한한 표정을 만들어 낸다.

   오랜 날들이 흐르면 당신도 이 그림의 안부(Tidings of pianting)를 물으며 언젠가는 흑백의 그리움에 채여 넘어지겠죠?

바실리 푸키레프 〈어울리지 않는 결혼〉 1862, 러시아 트레야코프 미술관

함께 있되 거리를 두라

그래서 하늘 바람이 너희 사이에서 춤추게 하라

서로 사랑하라

그러나 구속하지는 말라

그보다 너희 혼과 혼의 두 언덕 사이에

출렁이는 바다를 놓아 두라

서로의 잔을 채워 주되 한쪽의 잔만을 마시지 말라

함께 노래하고 춤추며 즐거워하되 서로는 혼자 있게 하라
마치 현악기의 줄들이 하나의 음악을 울릴지라도
줄은 서로 혼자이듯이
(……)

—칼릴지브란, 「함께 있되 거리를 두라」 부분

참, 세상에는 희한한 전통들도 많다. 일생에 세 번 결혼식을 올리는 네팔 네와르족 소녀의 삶은 독특하다. 네와르족에게는 'Ihi or Bel Biha'라는 신화 같은 전통이 있어 7~8세 소녀들이 전통에 따라 네와르족 의상을 입고 벨트리(Bell Tree)라는 나무의 초록 열매와 첫 번째로 혼례를 올린다. 이것이 바로 '과일과 결혼식(the fruits marrige)' 풍습이다. 결혼식은 일반 결혼식과 같으며 붉은 사리에 황금 장식을 하고 이마에는 붉은 티카를 찍는다. 이 나무는 히라냐 가리부하라는 불사신을 상징하므로 이 신과 결혼하므로써 소녀도 죽지 않는 신이 된다는 믿음이다. 두 번째 결혼은 태양(the Sun)과 올리며 태양과의 결혼 역시 세월을 잊고 사는 풍요로운 신이 되는 것이겠다. 그리고 세 번째에서야 인간 남자와의 결혼이다.

에드먼드 레이턴 〈웨딩마치〉 1919

타임머신이란 양탄자를 타고 네팔을 떠돌아다닌다. 구불구불 오래된 길들과 그 옆으로 불규칙한 여러 층의 탑과 매케한 향, 그리고 무서운 눈을 한 가면과 굴러다니는 동물들이 중얼중얼 경을 읊는 소리가 들려온다. 네 줄짜리

사링기(saringhi)로 연주되어 바람을 타고 심원하게 들려온다. 오늘도 결혼식을 두 번이나 구경하는 행운이 있었지만 혹여나 하고 희망했던 과일과의 결혼식은 끝내 만나지 못했다. 아쉬운 대로 결혼식에서 들려오는 네팔의 현대적인 합창인 떠들썩한 다마이스(damais)에 몸을 맡기며 보리로 만든 히말라야 산의 술인 창(chang)을 마신다. 캬아~, 자아~ 당신도 한잔 드시죠?

조지 엘가 힉스 〈혼례날 아침 식사〉 1911

   요르단의 결혼 풍습의 마지막 풍경은 신부의 어머니가 신랑의 집에 머무르는 것이다. 첫날밤을 치룬 신부가 처녀라는 것을 확인하게 해 주는 역할까지가 결혼 관습 중 매우 중요하고도 특별한 신부 어머니의 책무란다. 이스라엘에서는 신랑이 신부의 술잔을 밟아 깨뜨리고, 신랑과 친척·친지들이 신부의 주위를 일곱 번 돌아야 이들이 잘 산다고 믿는다나 어쩐다나. 말레이시아에서는 악귀가 침입하는 것을 막는다는 의미에서 신부의 열 손가락에 물을 들인다. 인도 여성들은 결혼하면 남편의 가족들이 선물한 반지처럼 생긴 링을 발가락에 낀다. 이 링은 남편이 죽은 다음 빼지요. 인도에서는 신랑이 앞서고 신부가 그 뒤를 따라 불 주위를 일곱 번 도는데, 이것은 결혼이 한 세대가 아닌 일곱 세대가 결혼한 것을 의미하는 것이다. 일본에서는 오징어가 결혼에 중요한 의미를 갖는다고 한다. 오징어가 의미를 갖게 된 것은 인간관계에서도 오징어처럼 오래 씹어야 그 참된 맛을 알 수 있기 때문이란다.

결혼으로 유명해진 도시가 있다. 결혼식 전용 교회가 있고 심야에도 결혼식이 가능하고 신랑 신부 두 사람이 자가용에 앉은 채 매표소처럼 꾸민 곳에 잠시 서서 결혼 서약을 받고 결혼 증명서에 사인을 하여 받고 다시 출발하는데 걸리는 시간은 단 10분이다. 그야말로 세계에서 초유의 초스피드로 결혼이 쉬운 곳이다. 반면 이혼 수속 또한 이와 같이 너무나 간단해서 이혼을 원하는 사람들이 미국 각지에서 몰려든다. 팝스타 브리트니 스피어스도 이 도시에서 소꿉친구와 즉흥적으로 결혼식을 올렸다가 55시간 만에 이혼했다. 에스파냐어로 초원이라는 뜻을 가진 네바다주의 사막 한복판에 있는, 결혼과 이혼의 천국인 환락의 이 도시는 과연 어디일까요? 라스베이거스이다.

> 많은 결혼식에 가서 춤을 추면
> 많은 장례식에 가서 울게 된다
> 많은 시작의 순간에 있었다면
> 그것들이 끝나는 순간에도 있게 될 것이다
> 당신에게 친구가 많다면 그만큼의 헤어짐을 경험하게 될 것이다
> 자신이 느끼는 상실이 크다고 생각된다면
> 삶에서 그만큼 많은 것을 시도했기 때문이다
> 많은 실수를 했다면,
> 아무것도 하지 않고 산 것보다 좋은 것이다
> ─엘리자베스 퀴블러 로스, 데이비드 케슬러, 『인생수업』 중에서

신록이 우거진 봄날 정원에 차려진 피로연은 정중하면서도 평화롭기 그지없다. 왼쪽에 앉아 있는 검은 턱시도를 입은 신랑과 화관으로 머리를 장식한 신부가 오른쪽 중앙에 앉아 있다. 젊음은 스치는 바람만으로

푸리에 〈아포르의 결혼 피로연〉 1886, 루앙 미술관

도 황홀하다. 식탁에 앉아 있는 사람들은 포도주 잔을 들어 신부를 향해 건배하고, 쨍그랑! 잔을 부딪쳐 오늘의 신부를 한 아름 축하해 주고 있다. 눈부시게 하얀 식탁보 위에 식기가 가지런히 놓여 있다. 바비큐 고기가 중앙에, 음식이 담긴 접시 사이로는 포도주 병과 술병들이 있다. 음식 사이에 놓인 포크와 나이프는 하객들이 중산층이라는 것을 나타내 주는 상징물이다. 당시 문화에서 하류층은 포크와 나이프 사용이 미숙했기 때문이다. 알베르 오귀스트 푸리에는 〈아포르의 결혼 피로연〉에서 햇빛을 차단하는 장막을 드리우는 센스를 발휘하여 피로연의 행복감을 강조하고 있으며 전면에 꽃으로 장난을 치고 있는 소녀의 천진난만한 행동을 내세워 긴장감을 최소화했다. 이런 결혼식 말고 간단한 결혼식을 원하신다면 신혼여행지 라스베이거스로 쌩~ 비행기로 날아가서 올리는 멋진 결혼식은 어떠신가요?

얀 마시스 〈플로라〉 1559, 함부르크 시립미술관

당신을 훔치는 창녀

London Boys의 노래 「Harlem Desire」

(…)길을 걸어가는 건/뉴욕에서는 달 위를 걷는 것과 같아/사탕은 산뜻하지만(…)/뉴욕에서는 사탕 언덕은 쓸쓸하지/뉴욕에선 말이야/아무리 소리 질러 봐도 피할 수 없어/뉴욕에 있는 할렘가의 길은 일방통행이니까/아 하 하 하 하 하 하 빈민가에서 바라는 건/하룻밤이라도 편안하게 잠을 자고/더 이상 거리에선 싸움이 벌어지지 않길 바래/이게 빈민가에서 내가 바라는 거야/이 미친 세상은 접어 두고(…)

'하렘(harem)'은 여자를 가리키는 집합명사다. 이슬람 문명 이전부터 중동에 존재했던 '하렘'을 인도에서는 '자나나(Zanāna, '여성'이라는 뜻의 페르시아어 zan에서 유래)'라고 했고, 이란에서는 '안다룬(andarūn, 페르시아어로 '내부'라는 뜻)'이다. 고대 아시리아·페르시아·이집트에서 대부분의 왕궁 내에 하렘을 두었고, 통치자의 부인들, 첩, 시녀와 환관들이 거주했다. 하렘은 사회적 역할뿐만 아니라 중요한 정치적 역할도 수행했다.

20세기 초반까지 아라비아의 부유한 집에서는 넓은 하렘을 설치하는 것이 일반화되었다. 각 부인마다 전용의 룸셋과 하인들을 거느렸고, 아주 가난한 아라비아의 가정에서조차 남자와 여자들을 위해 구분된 생활공간이 마련되었다. 아라비아 사회의 보수적인 요소 가운데 하렘 제도만이 유일하게 20세기 후반까지 그대로 남아 있었다. 이슬람교도들의 현세적·정신적인 술탄은 그의 어머니인 왈리데 술탄의 감독 아래 정교하게 지어진 하렘, 또는 궁전(seraglio, '울타리'라는 뜻의 이탈리아어 serraglio에서 유래)을 소유했다.

미술관에서 방금 그녀를 보았다. 새벽에 도착해서 그녀의 저녁에 입을 맞추자 그녀의 날개들이 소리없이 일어났다. 자작나무 같은 그녀의 다리와 궁전 같은 배를 오르내리자 그녀는 금발의 폭포처럼 웃음을 터트렸다. 그녀가 보여 주는 색의 잔치를 맘껏 즐겼다. 오늘 밤도 아마 밤새 그녀는 자신의 알몸에 불을 켜고 바이올린을 켜고 있을 것이다. 명화 속 농염하게 벗은 여인들이 눈부시게 빛나는 몸으로 악기 소리를 내며 미술관 이곳저곳의 골목골목을 환히 비추면서 돌아다닐 것이다. 불꺼진 그대의 미술관 여기저기가 오늘도 환하게 빛나는 이유다.

앵그르의 〈그랑드 오달리스크〉를 유명하게 만든 것은 신체를 기형적으로 늘어뜨린 하렘의 누드 여인이다. 1819년 이 작품이 살롱전에 출품되자 비평가들은 기다렸다는 듯 저마다 독설을 쏟아냈다. 비평의 초점은 허리가 정상인보다 길어 기형적이다. 따라서 해부학의 기초도 모르는 무식쟁이 화가의 작품이라는 점이었다. 척추뼈가 정상인보다 2~3개 많다, 여인의 왼쪽 팔이 오른쪽보다 짧다는 등 끊임없이 쏟아지는 악의적인 비평과 몰이해에 눈물을 흘리던 앵그르. 울보 화가의 상상력이 빚어낸 알몸은 눈부시다. 오늘도 루브르 박물관에는 기다란 허

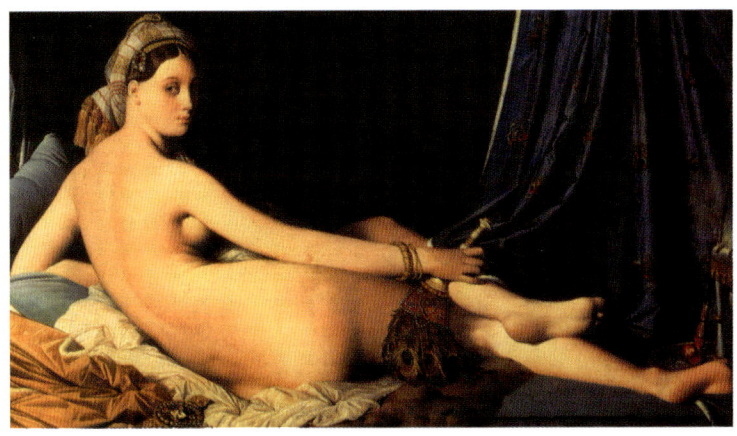
앵그르 〈그랑드 오달리스크〉 1814, 루브르 박물관

리의 신비로운 여인을 만나기 위해 발길이 끊이지 않고 있다. 아름다운 하렘의 여인들에 대한 발칙한 환상, 영혼을 드넓히는 벌꿀빛 색채의 에로티시즘!

앵그르의 〈그랑드 오달리스크〉는 당시 살롱에서 스캔들을 일으킨 다른 초상들과는 달리 찬반을 이끌어 냈으며 '레지옹 도뇌르 훈장'을 받았을 때 램브란트는 "이 창백한 토르소의 온화한 호박색을 부러워했다."고 찬미했다. 특히 벗은 뒷모습과 붉은 샌들, 신화적 주제, 공간을 둘러싼 침대 시트와 커튼의 정밀하고 유연한 특징 등은 앵그르가 추구한 근원적 이상에 가까웠다. 시공간이 멈춘 듯한 순결한 정적과 터번의 화려한 질감과 조화롭고 순결한 관능미는 절대적인 것에 대한 끊임없는 탐구의 노력이다. 이러한 이상은 심연적 환영, 확산되는 빛, 그리고 지나치게 과장된 척추의 휘어진 각도, 오리엔탈리즘 등으로 설명한 셈이다.

예술 작품에서 여성은 창조적 영감의 원천이다. 샤롯데가 있어 괴테는 〈젊은 베르테르의 슬픔〉을, 베아트리체가 있어 단테는 〈신곡〉을, 클라라로 인해 슈만은 〈여인의 사랑과 생애〉라는 작품을 남겼다. 로댕에게 까미유 끌로델이란 연인이 없었다면, 모딜리아니에게 에뷔테른이라는 모델이 없었다면, 피카소에게 7명의 뮤즈들이 없었다면 과연 명작을 남길 수 있었을까?

지난 가을이었다. 스산하게 메말라 가는 가슴이 안쓰러워 극장으로 발을 옮겼다. 베르트랑 보넬로 감독의 영화 〈라폴로니드·관용의 집〉을 보기 위해서다. 19세기 프랑스 최고의 매음굴로 입성했다. '매춘'은 인간 역사상 가장 오래된 직업이다. 한 남성을 통해 희망을 꿈꾸던 마들렌은 그 남자의 칼에 입이 도려내진다. 그럼에도 그곳을 떠나지 못한다. 하루 몇 명 손님을 받지만 늘어나는 건 빚뿐이다. 라폴리니드를 자유롭게 나갈 수 있는 유일한 길이란 매독에 걸려 이승을 하직하는 것이다. 고급 싸롱 사창가를 찾는 남성들은 그녀들에게서 다른 탈출구와 자유를 갈망한다. 현실로부터 그곳으로 도피한 남성들은 결코 그녀들을 현실로 데려가질 않는다. 고매한 인격에 가려진 욕망의 배출구 그 이하도 그 이상도 아니기 때문에. 최강자와 최약자를 등장시켜 사회의 부조리함을 역설적으로 말하는 이 영화는 그들 앞에 놓인 세계는 현실 속 영원한 판타지에 불과하다는 것을 암시한다. 과연 인간의 꿈과 자유가 실현될까? 시대적 배경에 알맞는 인상파 화가 모네, 마네, 르누아르의 회화 작품들을 은연중에 뒤섞어 놓은 것 같았다. 장면 사이사이 오페라 〈라보엠〉에서 생활고를 해결하기 위해 몸을 팔던 '미미'도 지나갔다.

마네는 1863년 〈올랭피아〉 이후 더 이상 옷 벗은 여자를 그리지 않았다. 그 대신 '나나'처럼 아름답게 치장하는 여자들을 그렸다.
어느 날 밤 꿈에 다른 친구들과 목욕탕에 가서 서로의 알몸을 유심히 보았다. 해몽은 어찌 나올까? 알몸으로 목욕이라? 목욕하는 일은 시원하고, 기분 좋은 일이니 현실 운세에서도 금전에 대한 이득이 생기거나 막혔던 일이 시원하게 풀리거나 기쁜 일이 다가올 길몽이란다. 그러나 많은 이들 중에 자신만 알몸이라면 모욕을 당하거나 수치스러운 일이 생길 징조이니 그날 조심 또 조심해야 한단다.

에두아르 마네 〈올랭피아〉 1863, 오르세 미술관

저 아름다운 몸매의 여자는 어젯밤에 무슨 꿈을 꾸었길래 아직도 옷을 입지 않은 채 새와 더불어 몽상에 잠겨 있을까? 저 저기요? 이 아가씨와 이야기하고 있는 저 새 이름 아시는 분~? 연락 주세요.

프란세스코 파올로 미세티 〈오달리스크〉 1873, 개인 소장

하렘에 사는 여인들의 계급은?

1. 발리데 술타나—자신이 낳은 왕자가 술탄이 되면 오르는 대비자리.
2. 카딘—술탄의 아들을 낳아서 받는 부인 칭호.
3. 게디클리—별채에서 궁 안의 여자들을 교육시키고 각자의 재능을 키워 줌.
4. 구즈데—술탄의 눈에 띄어 총애를 받지만 침실에 들지 않는 여인.
5. 이크발(익발)—술탄과 현재 사랑을 나누는 여인.
6. 오달리스크(콘큐바인)—애첩 후보 즉, 술탄의 여자를 시중드는 여자 노예.

영국 소설가 헉슬리는 마지막 소설 『섬』(1962)에서 그는 『멋진 신세계』에서와 유사하게 허구적 약물인 '모쿠샤(Moksha, 해방)'를 등장시킨다. 산스크리트에서 차용된 단어로 자아 상실 상태에서 우주와 합일이 이루어져 영혼을 일시적이나마 해탈시킨다고 믿는다. 예를 든다면 모든 종류의 술과 헤시시, 대마초, 필로폰 등을 일컫는다. 오달리스크가 살고 있는 하렘에 술은 없었겠지만 『천일야화』를 돌려 읽는 동안 그곳은 물 담배의 향으로 가득 찬 인공 낙원이었을 터. 목이 칼칼하고 머리가 핑 돌 새도 없이 그녀들을 훑고 지나가는 신세계의 과일향! 술탄의 여인들은 격리된 생활을 하면서 종교 행사 등에 참여했으며 하마무(목욕탕)에 가는 것 이외에는 외출이 금지되었다. 그 대신 온갖 풍족한 음식, 사치스런 보석과 화장, 비단옷을 즐길 수는 있었지만 그런 것들이 그들의 답답한 마음을 풀어 주기에는 역부족이었다. 그래서 그들은 곡예단들의 공연을 보며 물담배 피우는 것이 일상의 낙이었다. 답답한 마음에 담배를 빨아들였다 내품으면 연기가 밖으로 뭉게뭉게 퍼져 나가는 것이 꼭 그녀의 걱정이 밖으로 흩어져 가는 것 같았다. 쭉쭉빵빵 잘 빠진 투명 유리병에 호흡을 한 번 들이쉬면 마치 기다리고 있던 남자처럼 유리병 속의 물은 부글부글 끓어올랐고 한 호흡을 후우~ 하고 내쉬면 향기로운 허브 연기가 방 구석구석으로 퍼져 나갔다. 침대에 알몸으로 엎드린 채 새와 담소하는 미세티의 〈오달리스크〉의 여유로운 모습이라니. 새로 도착한 아타락시아(마음의 평정) 맛일까?

헨리 마티스 〈빨간 속옷의 오달리스크〉 1911

터키 이스탄불의 수조저장고 예바라탄사라를 보고 나와 토프카프

궁전으로 향했다. 하렘에 들어가기 위해 줄을 섰다. 드넓은 정원을 지나 술탄의 방, 부인의 방, 환관의 방, 연회장과 살롱을 지나 아름다운 벽화 장식이 있는 애첩의 테라스에서 오달리스크들의 폐쇄된 삶을 떠올리자 갑자기 그 궁전을 뛰쳐나오고 싶어졌다. 그날 30분 간격으로 궁에 들여보내는 그 시간이 왜 그리 지루했는지. 이제 생각해 보니 물담배와 향락에 취한 농염 짙은 여인들을

프란시스코 마스리에라 마노벤스 〈아름다운 하렘〉 1889, 개인 소장

조금이나마 빨리 그것도 직접 보고 싶어서였던 것 같다.

기쁨을 원한다면 다른 사람에게 기쁨을 주라
사랑받고 싶다면 다른 사람에게 사랑을 주라
주목받고 인정받고 싶다면 다른 사람을 주목하고 인정하라
물질적으로 풍요롭기를 바라거든 다른 사람을 물질적으로 풍부하게 도우라

—디팩초프라, 『성공을 부르는 마음의 7가지 법칙』 부분

"널 만나서 괜찮은 사람이 된 것 같아. 넌 행운의 여신이야."라는 말을 한때는 술탄에게 들었을 것이다. 내가 그의 보양식이었던 날들이 분명 존재했었다. 그러나 오늘은 정원 나뭇잎에서 들려오는 소소리바람 소리나, 공원에서 들려오는 양들의 울음소리, 창을 스치는 칼새의 지저귐조차 즐거운 것이 없다. 사랑이 멀어진 것이다. 그의 팔에 숨죽여 안

겨 있을 때에는 그 어떤 소리도 나의 즐거움을 찬양하기 위해 존재했었는데 오늘은 이렇게 외로운 헌사에 온몸이 울고 있으니…… 죽어서야만 이 하렘을 빠져나가 다른 외부의 남자를 볼 수 있다니 이 괴로운 심사를 어쩌죠? 내 사라진 우주는 어디에 있는 거죠?

숨겨 둔 정부 하나
있으면 좋겠다
몰래 나 홀로 찾아드는
외진 골목길 끝 그 집
(……)
아무도 눈치 못 챌
비밀 사랑
둘만이 나눠 마시는 죄의 달디단
축배 끝에
(……)
우리 끝내
침묵해야 할지라도
숨겨 둔 정부 하나 있으면 좋겠다
머언 기다림이 하루 종일 전류처럼 흘러
끝없이 나를 충전시키는 여자
그 악마 같은 여자

— 이수익, 「그리운 악마」 부분

저 여자 그랜드 바자르에서 만난 여자다. 끝없이 자신을 충전시키다가 기타 소리를 내던 여자. 이제 스물 몇 살의 그리운 악마. 벚꽃 같은 암호 하나로 달디단 죄를 나눠 마시며 온 밤을 뒹굴던 여자. 나무의 나이테를 헤아리듯 내 몸을 헤아리던 여자. 금세 어둡고 추워질 봄밤의 약속을 기울이며 벚꽃 지지 않는 날의 기약을 하염없이 기다리는 오달리스크. 슬픈 발목들의 무량이다. 어찌 내 모르랴. 오달리스크들이 하냥 벚꽃처럼 지지 않기를, 아니아니 얼른 져서 떨어져 내리기를, 그리하여 그 낙화 덤불에 님의 발목이 걸려 미끄러지기를 기원한다는 것을. 아니다. 그렇지 않을지

유진 들라크루아 〈오달리스크〉 1857, 개인 소장

도 모른다. 가을 산 너머로 해가 지고 있다. 그는 그녀의 창문 끝으로 발길을 돌렸다. 그는 피로한 상태였고 그녀는 잠에 떨어졌다. 어쩜 그는 그녀가 몸의 눈을 감고 있는 사이 그녀의 품에 안겨 생애 전체에 대해 눈감고 싶었는지도 모른다고 생각했다.

> 알라의 이름으로 꾸닛^(생강 종류의 식물)이 자라네
> Ehan^(야초의 일종)가 자라네
> 거울 위에 자라네
> 완전히 아문 다시 돋은 새살,
> 나는 일곱 가지 맛을 사용한다
> 꼭 그가 앉거들랑, 자꾸 느껴지고

이 내 뿌끼(여성의 성기) 구멍이

그가 일 년을 길을 가고,

그가 세 달을 배를 타도,

내 이 뿌끼 구멍이 자꾸자꾸 느껴지네

열 번을 첩을 찾고

백 번의 애인을 찾아도

내 뿌끼 구멍만큼 맛있는 건 없도다

그의 부인 ○ ○ ○

알라여, 모하메드여,

일곱 가지 맛을 사용하는 나를 축복하소서

─쁘딸랑안 부족의 여인들이 사용하는 「몬또챠블」 주문

플로라(Flora)는 대지의 님프 클로리스가 서풍의 신 제피로스를 만나 변신한 꽃의 여신이다. 이 그림 속의 플로라는 커다란 가슴을 풀어헤치고 유혹하는 듯한 눈길로 꽃을 들고 있다. 플로라의 집은 로마 사교계의 메카이다. 공개된 이 사교장은 올리브꽃이 피기 시작하면 더욱 달아오른다. 클레오파트라의 몸매와 사포의 영감을 닮은 그녀의 집은 창녀가 아닌 대학자의 저택 같은 모습이었다.

봄이 오면 티베리우스 로마제국의 황제가 애인이었던 그녀를 기리는 비너스 축제(4월26일~5월 23일)가 열리기 때문이다. 콜로세움에 올라가서 정면을 바라보면 부서진 건물이 있다. 언덕에 길게 늘어진 이 건물은 가장 큰 건축물인 바로 '비너스의 신전'이다.

서양의 보카치오는 10일간의 이야기란 뜻의 소설 『데카메론』 속에서 플로라를 '수상쩍은 덕을 지닌 여자' 즉 창녀로 그리고 있다. 창녀는 가장 오래된 직업이다. 바빌로니아 시대에는 창녀라는 직업이 치욕스럽지 않았다. 왜냐하면 1,700년경 함무라비 조의 수도원에서 창녀들은 신과 숭배자 사이의 영매 역할을 맡았었기 때문이다. 얀 마시스가 그린 〈플로라〉는 앞의 두 그림보다 훨씬 더 노골적이다. 이 그림 속의 요염한 플로라는 속이 거의 다 비치는 얇은 웃옷을 입고 한쪽 가슴은 아예 드러내 놓고 있지만 가만히 보면 어딘지 성스럽기도 하다. 티치아노가 그린 〈플로라〉를 비롯해 베네치파가 그린 〈플로라〉 등등 또한 모두 이 전통에 따라 그린 것이다. 또 있다.

 아마도 꽃에 대한 아름다운 절창은 플로베르가 『감정교육』에서 두 주인공들을 시켜 절망 속에서 신음하고 있는 창녀들에게 부케를 만들어 준 것이리라. 어느 날 고향에 있는 창녀 집에 나타난 그들은 정원에서 꺾은 꽃을 들고 손님으로 나타나 아무 일도 하지 않고 꽃만 전해 준다. 오랜 시간이 흐른 후 한 친구가 "그 일이 우리 생애에 제일 잘한 일이었을 거야."라고 말하자 다른 친구가 "그래, 네 말이 맞아. 그 일이 우리 생애에 제일 잘한 일이었어."라며 맞장구치는 장면이 있다. 찰나적이지만 꽃이 사랑과 연민 같은 인간애의 표상으로 그려질 때만큼 아름다울 때는 없는 것 같다.

 서양 회화의 한 주제로 등장하는 오달리스크(odalisque)란? 누드 또는 옷 입은 여인을 그린 한 유형으로, 터키어인 오달리크(odalik)에서 유래한 말이다. 이 말은 원래는 술탄(sultan)의 궁중인 하렘에서 시중

오귀스트 르누아르 〈오달리스크〉 1870, 워싱턴 국립미술관

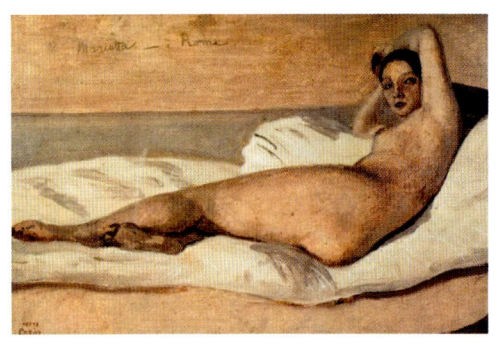

카멜 코로 〈오달리스크〉 년도 미상

을 들던 여자 노예를 뜻하는 말로, 이들 중 일부는 철저히 훈련받은 뒤 하렘의 여인, 즉 술탄의 꽃, 애첩이 되기도 하였다. 대상과의 공감인 오달리스크 그림은 18세기 말부터 유럽에서 일어난 오리엔탈리즘(orientalism)의 영향으로 동양 취향의 한 형태로 근대 나체화의 선례가 되었다. 오달리스크를 주제로 한 그림들은 대부분 알몸으로 침대에 누워 있는 젊고 아름다운 이국 여인의 모습이 많다.

　서양인의 문화 의식을 꽃 속에 내포한 '꽃말(The Language of Flowers)'이 있다. 그래서 사랑하는 사람에게 정열을 상징하는 장미를 주면서 "사랑한다."고 말하지 않아도 이미 빨간 장미 속에 사랑한다는 뜻이 내포되는 것처럼. 이렇게 꽃의 문화 의식은 일정한 뜻을 포함하는 의사소통의 수단이 되기도 한다. 18C 초엽, 터키(오스만 왕조)의 하렘에 전해지는 꽃말(세람)을 영국에 소개한 몬테규 부인은, 이스탄불로부터 고국의 친구에게 보낸 편지에서, 하렘에는 풀이나 꽃, 주변의 작은 물건 등에 각각 비밀스런 관용구가 있어 하렘에 사는 사람들은 이것을 교묘하게 짜 맞추어 잉크로 손가락을 더럽히지 않고 사랑이나 우정, 분노의 뜻을 전달할 수 있다고 기술하고 있다. 몬테규 부인은 18세기 초엽에 터키에 주재했던 영국 대사 주치의 아내였다. 세람의 비밀 통신법에 흥미를 느낀 부인은 술탄에게 하렘 출입을 허락받은 기간에 오달리스크에게서 그 방법을 자세히 들은 것 같다. 부인은 일기문학 작가로 잘 알려져 있고, 친구에게 보낸 서한은 부인의 작품집에 수록되어 있다. 또한 유럽의 천연두 접종법 역시 몬테규 부인에 의해 전해졌다. 부인은 아름다운데다 똑똑하기로 소문나 사교계에서 손꼽히는 여성이었는데, 남편을 따라 터키로 갔다가 천연두에 걸리고 말았다. 그러나 부인은 죽을 고비를 넘기고 겨우 살아났는데, 그만 예쁜 얼굴에 곰보 자국이 가득 생겨 버렸다. 그렇지만 두 아들을 살리기 위해 천연두 고름을 아들과 딸에게 접종했다. 이러한 사실이 알려지자 영국 왕실은 몬테규 부인에게 사람을 대상으로 하는 인두 접종을 공식적으로 허락하게 되었다.

툴루즈 로트레크는 몸을 팔아 빵을 사는 고단한 매춘 여성의 일상을 그렸다. 뮤지컬 〈그리스〉에서도 로저의 오리 궁뎅이를 까는 장면은 압권이었다. 툴루즈 로트레크의 〈검진〉 역시 매춘부와 섹스를 즐길 수 있도록 엉덩이를 까고 성병 검사를 하는 날이다. 집에서부터 아예 팬티를 벗고 온 것이다. 그러고는 미리 치마를 걷어 올려 엉덩이를 노출시킨 채서 있다. 그녀들은 순서를 기다리면서도 수치심 대신 시간을 절약하려는 실익을 챙기고 있

툴루즈 로트레크 〈검진〉 1894

다. 화장은 요란하나 굽이치는 세월에 무너진 몸은 비대하게 늘어졌다. 이제는 나이만큼 뱃살에 엉덩이에 체념 셀룰로이드가 덕지덕지 붙어 있다. 그런 그녀들의 불혹(不惑)이 부록(附錄)으로 자꾸 다가왔다.

로버트 저메키스 감독의 영화 〈포레스트 검프〉(1994)에서 포레스트는 사랑하는 제니와 헤어진 후 무려 3년 2개월 14일 16시간 동안 미국 대륙을 달리며 자신이 그토록 달린 이유에 대해 "과거를 옮길 수만 있다

면 뒤에 두라고." 담담하게 말한다. 포레스트처럼 작품 속 매춘부들은 "그래요, 과거를 옮길 수만 있다면 뒤에 두라고. 그것이 내가 검진받는 이유의 전부 같아요."라고 말하고 있는 듯하다.

〈나나〉라는 제목이 붙어 있는 이 그림은 마네(1832~1883)가 1880년 출간된 에밀졸라의 소설 『나나』를 먼저 읽고 세세한 부분까지 신경을 써서

에두아르 마네 〈나나〉 1877, 함브르크 독일

그린 작품이다. "금파리는 거리에 버려진 썩은 고기에서 죽음을 묻혀 보석처럼 반짝거리며 윙윙대며 날아다니다가 남자들에게 독을 옮긴다."는 선풍적인 인기를 끈 창녀 이야기다. 소설 속 매력적인 고급 창녀 '나나'는 빈민가 출신이지만 뛰어난 미모와 화술로 연극 무대까지 진출하여 남자들의 마음을 사로잡는다. 그녀의 부귀영화와 몰락을 담은 이야기로 당시의 썩어 빠진 고위층의 이면을 냉철하게 비판한다. 그림 속의 여자는 몸치장을 하고 있는 중이

윌리엄 홀먼 헌트 〈깨어나는 양심〉 1853

다. 속옷차림으로 거울 앞에 서서 분칠을 하면서도 그대의 끈끈한 시선이 신경 쓰였는지 빤히 처다보고 있다. 그녀의 뒤에는 그녀가 몸단장하는 것을 바라보며 하염없이 기다리는 나이 든 한 남자가 있다. 아직은 화양연화(花樣年華)다.

어느 날 밤이었다. 이 남자가 아내에게 치근대자 "오늘 밤엔 안 돼요. 나는 박사학위를 가진 여자라구요."라고 했는지도 모르겠다. 그래서 울화통이 터진 이 남자는 한걸음에 이 소녀를 만나 피아노를 쳐주며 시간을 보내지만 마음으론 빨리 사랑을 나누고 싶은 생각뿐이다. 이런 남자의 생각을 읽기라도 한 듯 즐겁게 종알거리며 웃던 소녀가 의자에서 벌떡 엉덩이를 일으킨다. 생을 분별없이 소모하던 소녀가 정신을 차린 듯 눈동자가 커진다. 삶의 저쪽 밖 세상을 본 것이다.

르네 마그리트 〈발〉 1935, 조르주 퐁피두센터

발의 욕정

아테네에 도착하여 가장 먼저 들러야 할 곳은 아크로폴리스다. '아테네의 배꼽'이라 불리는 아크로폴리스는 기원전 6세기경 건설된 도시로, 유서 깊은 신전들이 지금까지 남아 있어 아테네 여행의 하이라이트다. 아테네 경관을 보며 아티쿠스 음악당을 지나 뵐레문의 언덕을 오르고 또 오르면 보인다. '성스러운 건물로 향하는 입구'라는 의미를 지닌 프로필레아를 지나면 책에서만 보아 왔던 장엄한 바위 위에 세워진 엄청나게 큰 니케신전(Temple of Athena Nike)과 파르테논신전이 자신의 영화로웠던 그림자를 바닥에 깔고 반긴다. 니케신전은 우아한 이오니아식 건물로 스파르타와의 전쟁에서 승리하기 위해 여신 니케(Nike)에게 받친다. 그러나 그리스인들의 선물을 받고도 승리의 여신 니케는 스파르타의 손을 들어주는 비겁한 짓을 한 것이다. 애시 당초 그럴 마음이었으면 선

그리스 아테네 〈샌들을 벗는 니케〉 대리석 부조상, 기원전 410~407, 아크로폴리스 박물관

물을 받지를 말든지……. 니케신전은 현재 파르테논신전, 에렉테이온 신전과 함께 세계문화유산 1호로 지정되었으며 승리의 여신 '니케'에서 나이키라는 영어 상표가 탄생했다.

　오른손으로 〈샌들을 벗는 니케〉라, 그렇다면 화장실에 앉아 있는 니케는 왜 만들지 않았을까? 한 작품을 만들기 위해 첫 구상 장면에서 어찌 샌들을 벗는 그 기막힌 순간을 조각할 생각을 할 수 있었을까? 여신의 알몸을 그대로 드러낸 이 야한 몸매야말로 그리스 스타일이다. 그 당시 아테네 조각가들은 직설적인 누드보다는 몸에 착 달라붙는 투명한 옷자락을 창안하기에 이르렀다. 이런 스타일을 '젖은 천' 기법이라 부른다. 돌을 깎은 얇은 옷이 부드럽게 흘러내려 자연스러워 보이지만 결코 현실적이지 않은 신비한 아름다움이 바로 그리스 고전 미술의 특징이다. 이제야 알겠다. 대학 조소과 아이들이 이 작품 앞에서 절망한다는 말의 의미가 무엇인지.

아서 존 엘슬리 〈높은 기대〉 1899, 개인 소장

　노자가 말하기를 "발돋움하려고 발을 곧추세우면 발의 밑이 불안해진다."고 했다. 그러나 존 엘슬리의 그림 〈높은 기대〉 속 충견은 불안한 발돋움을 해서라도 가족의 일원으로 대접받는 것이 행복하다. 오른쪽 앞발을 들어 소녀와 악수를 한다.

　파키스탄에서는 남에게 발을 보여 주는 것은 무례한 행동이다. 우리나라도 50여 년 전에는 여자가 외간 남자에게 맨발을 보이는 것은 있을 수 없는 일이었다. 인도에서는 카스트 제도상 노예인 수드라를 발에 비교하니 천민은 흙먼지를 밟은 발처럼 더러운 존재란 뜻이다. 그런데도 최고의 예는 스승의 발에 입맞춤하는 것이다. 붓다가 관에 들어가 있다가 먼 곳에서 소식을 듣고 헐레벌떡 달려온 제자 아난에게 관 밖으로 발을 살며시 내민 것도 아난의 마지막 키스를 받기 위함이었다. 요한 바오로 2세 교황 역시 세족례를 하던 중 자신이 씻어 주던 사람의 발에 입맞춤을 하였다. 고대의 이집트 파라오들을 신적 존재로 여긴 국민들은 그가 걸어간 땅에 키스하는 풍습을 남겼다. 타국에서 긴 망명 생활을 끝내고 돌아오는 애국 열사들은 고국에 첫발을 디딜 때 하나같이 대지에 입을 맞춘다. 여기서 대지는 어머니이며 발의 상징이기도 하다.

신발을 명화처럼 보게 하는 전시회 〈신발의 초상, 발의 역사전〉이 성곡 미술관에서 열렸다. 신발은 여성이 왕자를 만나게 하는 도구다. 신발에는 이렇게 여성의 환상과 욕망이 숨겨 있는 것이 사실이다. 발에 숨겨진 사연들, 그 은밀한 성적 유혹과 권력의 음모도 엿볼 수 있었다. 틀에 얽매이지 않고 파격적이고 자유분방하고 매혹적이고 기상천외한 신발들, 하나같이 현실감이 떨어지는 소모품으로 예술적 감각을 일깨워 주는 오브제다. 권총 구두, 전구 달린 신발 등 번뜩이는 아이디어다. 남자의 심장을 뚫고 그 마음을 사로잡을 것 같은 킬 힐도 보인다. 하이힐은 바로 현대판 전족이다.

어린 시절이었다. 하루는 서울에 사는 고모가 친정에 다니러 왔다. 핑크빛 하이힐을 신고 또각또각 소리 내며 걸어 들어왔다. 나는 고모가 잠시 할머니의 고무신을 신고 뒷간에 간 사이에 얼른 하이힐을 들어 볼에 비벼 보았다. 냉정했지만 너무나 반짝거리고 아름다웠다. 그날 밤이었다. 대학생이 된 내가 고모의 그 힐을 신고 등교하다가 고모한테 들켜 혼쭐나게 도망치다 돌부리에 걸려 넘어졌다. 아~악! 무릎에서 흐르는 피를 보고 놀라서 울다가 깨고 보니 꿈이었다. 정말 그때는 빨리 어른이 되어 그 구두를 신고 허리를 곧게 펴고 걸어 보고 싶었다.

'힐' 하면 이렇듯 화려한 상상과 동경이 있기 마련인데 힐의 발생 역사는 이와는 정반대의 사연을 안고 있다. 일산 호수공원에 가면 화장실 지하에 '고양 화장실 역사 문화전시관'이 있다. 정결하게 화보와 소품으로 꾸며 놓은 그곳에서 18세기 유럽의 화장실 문화를 보면서 박장대소하고 말았다. 그 당시의 유럽은 거리 전체가 거대한 화장실이었다. 집집마다 화장실이 없어 집안에 단지 하나씩을 놓고 대소변이 차면 2층집이건 1층집이건 창문을 열고 길가로 확 부어 버렸다. 그래서 사람들은 언제 똥 벼락을 맞을지 몰라 남자는 중절모와 망토를 착용하게 되었고 여자는 '초핀'이라 불리는 높은 하이힐을 신고 똥물을 헤쳐 나갔다. 귀부인들이 치렁치렁한 드레스 끝자락에 똥이 묻지 않도록 나무를 다듬어서 신발의 높이를 높여 신고 다녔는데 이것이 바로 하이힐의 유래다. 하이힐의 굽 높이는 오물의 높이와 정확하게 비례한다.

나는 지금도 17세기 프랑스 풍경화를 보다가 똥 묻은 하이힐을 찾는 나를 보고 폭소를 터트린 게 한두 번이 아니다.

윌리엄 아돌프 부그로 〈집시 소녀〉 1890

이렇게 발 뻗으면 닿을 수도 있어요 당신은 늘 거기 계시니까요
한번 발 뻗어 보고 다시는 안 그리리라 마음먹습니다
당신이 놀라실 테니까요

그러나 내가 발 뻗어 보지 않으면 당신은 또 얼마나 서운해하실까요

하루에도 몇 번씩 발 뻗어 보려다 그만두곤 합니다

—이성복,「발」

고대 이집트에서는 가죽이나 종려 같은 나뭇잎, 파피루스로 샌들을 만들어 신었고 파라오는 금신을 신었다. 샌들을 신는 것은 신관·왕·귀족 등에게 허용되었던 특권이었지만, 자기보다 고위자 앞에서는 신을 벗었으며 성소에서는 신지 않았다. 부츠는 고대 군대 사회에서 사용하기 시작하였다. 아시리아는 군인의 화려함을 자랑하려고, 스파르타에서는 군인들이 전쟁에서 피 흘리는 것을 은폐하려고 신었다. 구두를 뜻하는 '슈(shoe)'는 '가리다'라는 의미의 고어(古語) '스케오(sceo)'에서 유래했다. 이런 점에서 구두는 인간의 욕망과 계급을 보이기 위해서 일부러 감추는 사회적 기표이기도 하다.

인간의 신체는 약 206개의 뼈로 구성되어 있으며, 그중 양발에만 52개의 뼈, 38개의 근육, 214개의 인대가 있다. 덕분에 사람은 직립보행할 때 밑에서 올라오는 충격을 견디고 몸 균형을 잡는다. 감각도 예민해서 신발 안에 모래라도 들어가면 걸음을 멈추게 된다. 그래서 신발 안 돌멩이를 '해묵은 숙제'라는 비유로 사용하며, 자율신경이 집중적으로 분포되어 있어 '제2의 심장'이라고 말하기도 하고, 서양에서는 일상의 불편을 '신발 안 돌멩이(Stone in my shoe)'라 하기도 한다. 그래서 오지 여행을 완성하려면 발 사랑이 첫째다. 일상생활에서 신던 신발과는 다른 차원의 편안한 신발 선택과 독한 공력이 그것이다.

발이란 대부분의 두발 동물과 모든 네발 동물에서 발목 관절의 아랫부분 전체를 가리키며, 여기에는 발뒤꿈치·족궁(足弓)·발가락, 그리고 족근골(足根骨)과 중족골(中足骨)·지골(趾骨) 등의 뼈가 포함된다. 흔히들

인도 보드가야 대탑 〈부처님 발〉

"노화는 발로부터 시작한다." 또는 "피로는 발로부터 온다."는 말처럼 건강한 생활을 유지하는 데는 발의 역할이 무엇보다 중요하다. 약 5,000년 전 고대 중국의 의학 서적인 『황제 내경』을 보면 전 세계적으로 보급된 발 건강관리의 관족법이 이미 그곳에 잡고 있다.

어물전 개조개 한 마리가 움막 같은 몸 바깥으로 맨발을 내밀어 보이고 있다
죽은 부처가 슬피 우는 제자를 위해 관 밖으로 잠깐 발을 내밀어 보이듯이 맨발을
밀어 보이고 있다
펄과 물속에 오래 잠겨 있어 부르튼 맨발
내가 조문하듯 그 맨발을 건드리자 개조개는
최초의 궁리인 듯 가장 오래하는 궁리인 듯 천천히 발을 거두어 갔다
저 속도로 시간도 길도 흘러왔을 것이다
누군가를 만나러 가고 또 헤어져서는 저렇게 천천히 돌아왔을 것이다
늘 맨발이었을 것이다
사랑을 잃고서는 새가 부리를 가슴에 묻고 밤을 견디듯이
맨발을 가슴에 묻고 슬픔을 견디었으리라
아―, 하고 집이 울 때
부르튼 맨발로 양식을 탁발하러 거리로 나왔을 것이다
맨발로 하루 종일 길거리에 나섰다가
가난의 냄새가 벌벌벌벌 풍기는 움막 같은 집으로 돌아오면
아―, 하고 울던 것들이 배를 채워

저렇게 캄캄하게 울음도 멎었으리라

— 문태준, 「맨발」

　어느 날 선사께서 길을 가다 날이 어두워져 주막에 들렀다. 주모는 하룻밤 유숙하는 대신 관상을 보아 달라고 하였다. 선사는 그 답례로 보아주겠노라 하니 여인은 얼굴을 씻고 화장을 하고 오겠다고 했다. 그러자 선사는 "화장을 하고 오면 상이 삼천리나 도망가니 그대로 있으시오."라며 질문을 하였다.

"손과 발 중에 어느 것이 예쁜 것이 좋겠소?"
"손이지요."
"그러면 손과 얼굴 중에 어느 것이 더 예쁜 것이 좋겠소?"
"물론 얼굴이지요."
"그러면 얼굴 예쁜 것보다 더 나은 것은 무엇이겠소?"
"그거야 물론 마음이 예쁜 것이지요."
"그렇소, 발상이 손의 상만 못하고 손의 상이 얼굴상만 못하며 얼굴상이 심상만 못한 것이오. 그러니 마음 잘 쓰는 사람은 길이 복을 받을 뿐만 아니라 좋은 날만 그대를 기다릴 것이오."

　발로 보는 족상(足相)에서 발가락이 긴 사람은 머리가 좋고 창의력이 뛰어나 예술가 등이 많다. 엄지발가락이 유난히 긴 사람은 자아의식이 뚜렷하고 성실하며 어떤 일에 뜻을 품으면 끝까지 해내는 근성이 있다. 두 번째 발가락이 유난히 긴 사람은 정치가, 학자로서 명예를 우선시하는 가치관을 지닌다. 두껍고 커다란 발은 무인 기질의 호방한 성격으로 사업가로 성공한다. 발뒤꿈치 살집이 두껍고 넓은 사람은 자수성가하여 말년 복이 좋다고 한다.

 난 뭔가 날렵한 듯하면서 투박한 맛이 은근하게 살아 있는 맨발에 대한 페티쉬(fetish)가 있다. 날것의 야성을 훅훅 뿌려 주는 남자의 두툼한 맨발이라면 더욱 금상첨화다. 고리짝 시절의 이야기 하나 할까 보다. 옛날 옛적 경배하던 한 남자의 맨발에 뿅 간 적이 있다. 그는 무시로 군침 도는 맨발 구경을 참 자주 시켜 주었다. 그냥 맨발뿐이면 말도 안 한다. 함께 목욕할 때면 섹시한 콧소리로 내 무릎을 꿇게 했으며 냄새나는 엉덩이를 내 입에 대거나, 발가락을 내 입속에 넣는 망측한 행동에도 나는 매번 짜릿짜릿 행복해했다. 그 남자 떠나고 그 남자의 동생을 만났다. 퍼뜩 정신을 차려도 되련만 어찌 된 일인지 난 또 그 새로운 남자의 농노가 되어 버렸다. 모처럼의 일요일 숫총각(손자)을 목욕시키며 나를 지나간 많은 남자들의 맨발에 경배를 올린다.

 영국 뉴캐슬 지역에 에바 베인브리지라는 아기가 태어났다. 태어난 지 14개월 만에 수막구균성수막염, 패혈증 등으로 생사의 고비를 넘어야 했다. 의료진이 에바의 손가락은 치료했지만 검게 변해 버린 발가락을 치료하지 못해, 결국 절단 수술을 받았다. 에바의 양쪽 발은 반만 남게 되었다. 생사를 오가던 소녀는 기적적으로 회복하였으나 신발을 신으려면 안에 불편한 조각을 끼워 넣어야 했다. 이에 어린 에바가 편하게 걸을 수 있도록 인공 보철회사 도싯올소피딕 전문가들은 실리콘을 사용해 발가락이 달린 아기용 인공 발을 만들었다. 뇌수막염으로 양쪽 발가락을 모두 잃은 5살 소녀가 인공 발 덕분에 다시 걷게 됐다고 지난해 1월 영국 매체 데일리메일이 전했다. 수도승처럼 인생의 크고 작은 모든 즐거움들을 기꺼이 포용하는 것처럼 "엄마가 발가락을 사 줬어

1800년대, 할렘가 여인들의 샌들

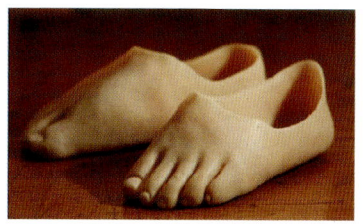
에바 베인브리지의 인공 발

요."라는 그 말을 대수롭지 않게 하면서 말이다.

에바 베인브리지의 실리콘 발을 보는 순간 르네 마그리트의 〈발〉이 떠올랐다. 발(foot)은 은밀하게 섹슈얼한 아름다움을 지닌 부위다. 발레리나인 강수지의 발, 피겨 선수인 김연아의 발은 이런 아름다움과는 거리가 아주 멀다. 아름다운 발을 포기한 대신 그들은 정상이라는 감격을 얻은 것이다.

몇 년 전 안데르센의 동화 『빨간 구두』를 모티브로 한 공연 〈분홍신〉이 서강대학교 메리홀 대극장에서 펼쳐졌다. 원작은 빨간 구두의 유혹을 이겨 내지 못한 벌로 자신의 두 발을 잘라 내야 했던 소녀의 이야기를 통해 멈출 수 없는 인간의 욕망과 파국을 말했다. 그러나 이번 공연에서는 잔혹한 설정들을 그로테스크한 위트와 마술적 환상을 가미시켜 무겁지 않게 표현했다. 〈분홍신〉의 이야기는 신발을 만드는 '늙은 병사'가 분홍신에 주문을 불어넣으며 출발한다. 탐욕에 빠진 여인들이 '늙은 병사'에게 받은 신발을 통해 자신들의 욕망을 발산하게 되고, 이내 욕망이라는 늪에 빠져 허우적거리게 된다. 이를 통해 현대인의 자화상과 인간의 끝없는 욕망을 전했다. 발은 인체의 축소판이다. 투덜대는 발에 병이 생기면 무릎과 종아리는 물론 골반과 허리까지 문제를 일으킬 뿐만 아니라 바로 그 순간 욕망의 날개를 잃어버린 중고로 전락하고 만다.

전족 비단신 전족 비단신

'발' 하면 생각나는 것이 중국의 '전족' 이다. 발 모양을 끔찍한 기형으로 만들어 여성을 장난감으로 전락시켰다. 이는 엽기적인 남근중심주의 문화 산물이다. 성인이 되어도 10cm를 넘는 경우가 드물었던 전족에 대해 집착한 이유는 전족=명기라는 이론을 성립시키기 위해서였다. '전족 명기' 설은 비뇨기과 의사들도 수긍하는 주장으로 몸을 심하게 좌우로 뒤뚱거리는 걸음걸이로 성장하는 동안 여성의 성기가 있는 회음부 근육이 발달하기 때문이라고 한다. 전족에 관한 중국 남성의 변태성은 그들의 국민 고소설인 『금병매』에도 그들의 '전족 유희' 가 나온다. 전족 유희로 완(玩)과 농(弄)이 있는데 완은 전족으로 딱 붙어 있는 굽어 마주 보는 발가락과 발바닥 사이에 남자의 성기를 끼워 마찰시키는 행위를 일컫는다. 농은 전족 외의 신체인 겨드랑이, 유방 등에 같은 방법으로 추구하는 쾌락 행위다. 이렇게 성적 매력을 느끼는 10여 종의 애무 방법을 적나라하게 적어 놓고 있다. 중국 남성들은 전족의 크기와 모양에 따라 이름을 붙여 평가하고 온갖 향유나 꿀 등을 전족에 바른 후 입을 맞추고 발가락을 빨거나 깨물고 핥고 냄새를 맡으며 전족 내음에 대해 자상에 없는 열락의 내음으로 생각했다고 한다. 서양인이 이런 악습을 이상하게 여기자 "당신들이 냄새나는 치즈를 맛있게 먹는 것처럼 우리도 여인들의 발 냄새를 즐길 뿐이다."라고 대답했다고 한다.

전족은 발이 작아야 미인이라는 변태적 에로티시즘을 추구한 남근주의의 악습이다. 그 악습에 대해 관한경(關漢卿)이 지은 시 「규수의 원한」에는 '한 걸음 떼어 놓고 한숨 한 번 쉬고/두 걸음 떼어 놓고 눈물 가득 흐르네/비 한 방울에 슬픈 눈물 한 줄기/바람 한 바탕에 긴 한숨 한 번'이라는 것에 비하면 하이힐과 전족은 남성에게는 새디즘의 쾌감의 상징이지만 여성에게는 매조키즘 노예의 도구로 표방되었던 것이다. 이러한 사도마조히즘이 집약된 결과로 당대 중국 여인들은 전족을 하지 않으면 '천민'으로 추락하는 중압감으로 인해 아무리 가난해도 발을 가죽 띠로 졸라매고 온몸으로 밭을 기어 다니며 농사를 지었다. '하이힐' 또는 '전족 관행'은 남근 질서가 만든 자기 성애(auto sexual)의 악법이다. 우리는 아직도 이 악법인 중국의 전족, 유럽의 하이힐, 코르셋의 계보를 잇고 있는 셈이다.

발을 제2의 성기로 생각한 인간의 욕망을 다 덮어 줄 수는 없지만 지금도 한국 여성 10명 중 4명이 발은 아프더라도 유행에 뒤질세라 불편한 신발을 신는다. 유행에 휩쓸리는 이유는 같은 흐름에 발 담그지 않으면 웬지 모르게 뒤지는 것 같은 불안한 심리 때문이다. 같은 상표를 이용하는 사람끼리 한 동아리라는 아늑함을 느끼는 이런 풍경은 실재가 아닌데도 실제처럼 굳어지는 광고의 역할과 같다.

발레비치의 〈청소하는 사람〉들은 자신의 발을 닦는 대신 다른 사람들의 공간을 깨끗이 청소해 주는 착한 발이다. 그대를 바라보는 방 안의 공기에서 따뜻한 카레 냄새가 나지 않는가? 왼쪽 청소부의 윗옷과 마룻바닥과 청소부들의 발은 카레색이다. 친애하는 사물들로서의 청소하는 저 발은 남루를 닦아 내는 도구가 아니라 싸이의 말춤을 추는 싱그러운 맨발이다. 문학적 질문마저 권태로워지는 시대에 무언가를 선청

카지미르 말레비치 〈청소하는 사람〉 1911, 암스테르담 시립미술관

(先聽)하고자 하는 욕망을 충족시키는 맞춤의 속도는 계속되지만 어느 날 우리를 강박하는 '따뜻한 발' '다정한 발'은 잠재된 동력을 일깨우는 그 자체가 되어 그대의 눈을 헹굴 것이다.

 꿈에서 더러운 발을 씻거나 발꿈치의 각질을 제거했다면 좋은 꿈일까? 나쁜 꿈일까? 꿈에서 씻는다의 의미는 더러움을 없앤다는 의미가 되니 좋은 암시가 된다. 더러운 발을 씻는 행위는 그동안 마음 내면속에, 또는 몸에 있던 나쁜 기운, 묵은 것, 좋지 않은 것 등을 털어 내는 것을 말하기 때문이다. 그렇다면 꿈에 신발을 선물 받고 나서 신어 보니 나의 발에 딱 맞고 마음에도 들었다면? 이런 꿈이라면 길몽으로 보되 새집이나, 새 직장 또는 새로운 단체에서 좋은 보직을 맡을 수 있는 의미라고 한다.

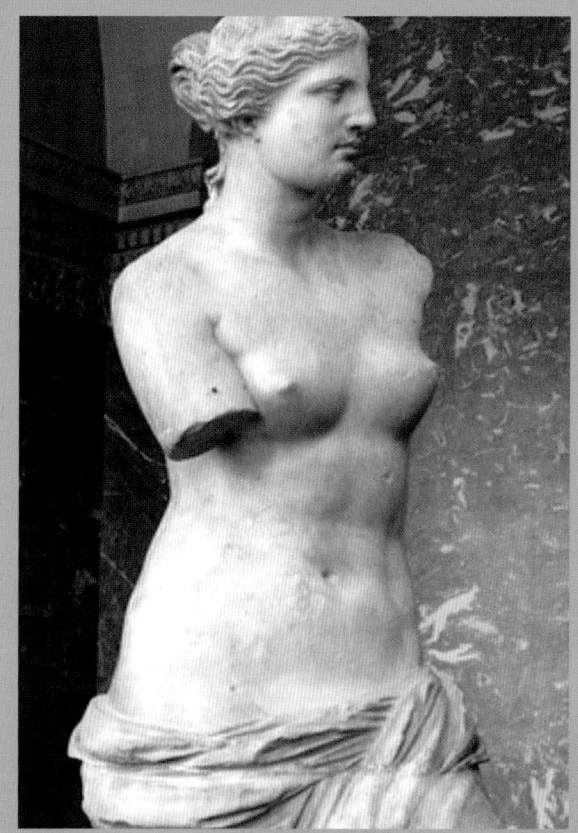

〈밀로의 비너스〉 기원전 1~2세기

여신은 이렇게 속삭인다

태초의 인류는 남자 신이 아닌 대지모 여신을 숭배했다. 고대로부터 가장 먼저 등장한 이 여신은 자연의 다산성과 생명을 상징한다. 수메르 신화에 나타나는 태초의 우주 상태는 물이다. 모든 창조의 근원인 '바다'를 뜻하는 남무(Nammu)는 원래 뱀의 여신으로 그려져 왔다. 인안나는 땅과 하늘까지 지배하는 생명이자 죽음 자체인 신석기 대모신이다. 하늘의 여왕으로서 인안나는 먼저 달의 여신으로 나타난다. 갓 낳은 따끈한 계란 속의 달, 차가운 유리잔에 담긴 우유 같은 달, 땅의 여왕으로서 인안나는 식물의 여신으로 곡물, 포도, 대추 야자수, 삼나무, 무화과, 올리브, 사과나무 등 여신의 중요한 특징인 다산성을 노래한다. 특히 우로보로스 뱀은 주기적으로 허물을 벗고 죽음과 탄생을 영원히 재탄생시키며 여전히 살아 있다고 생각되었다. 그

엘리후 베더 〈스핑크스의 질문자〉 1863, 보스턴 미술관

래서 달과 같이 순환하는 영원한 생명을 구현하며 여신의 대표적인 상징물이 되었다.

에리히 노이만은 『위대한 어머니 여신』에서 이 여신의 원형으로 공포의 고르곤(Gorgon)부터 지혜의 소피아(sophia)에 이르기까지 무수한 양태로 발현되는 모티브로 우로보로스의 원형으로 제시한다. 신화적 상상력에서 가장 먼저 등장하는 신은 생명의 원천으로서의 위대한 어머니(Magna Mater)였기 때문이다. 따라서 다산과 풍요의 여신으로 등장한 이 위대한 여신은 바빌로니아의 티아마트,

우로보로스

수메르의 이난나, 이집트의 이시스, 그리스의 가이아, 소아시아의 키벨레 등 서로 다른 문명에서 대지와 생명의 여신으로 나타나며 무수히 많은 다른 여신들의 이미지로 분화된 예술의 다양한 원형적인 상징이 되었다. 인류의 역사에서 가장 먼저 등장하는 신이란 초월적인 존재로서 남과 녀의 성(性) 구별을 넘어서는 존재다. 태초의 어머니 여신도 모든 생명의 원천으로서 남성성과 여성성을 모두 구비한 하나의 완전한 신격으로 존재한다. 수많은 예술 작품과 신화적 상상력에는 단편적인 미의 상징으로서의 여성이 아니라 포괄적이고 거시적인 대지, 생명, 자연이 원시 이미지로 담겨 있다. 그 보편성으로 초월적 세계를 보여 주는 신화 속에는 여신의 원형으로 자애로운 사랑의 여신과 인도의 여신 칼리처럼 파괴의 상징이 혼합된 양면적 존재다. 분석 심리학에서는 이 같은 원시 이미지를 우주에 존재하는 구체적인 이미지가 아니라 인간 정신에 작용하는 내적 이미지로 볼 뿐 아니라 융은 그리스 신들을 집단 무의식 원형으로 사용한다.

> 오 그대들 나의 밤들이여, 오 기다려 온 검은 여인들이여
> 오 오만한 땅이여, 오 끈질기게 감춰져 온 비밀들이여
> 오 오랜 시선들이여, 오 느닷없는 구름들이여
> 오 닫힌 하늘 너머로 허락된 비상(飛翔)이여
> 오 거대한 욕망, 오 퍼져 나가는 경이(驚異)
> 오 매혹된 정신의 아름다운 질주
> 오 가장 고통스런 병, 오 추락하는 은총
> 오 아무도 통과하지 못했던 열린 문
> 나는 모르네 영원한 체류지로 들어가기 전에
> 왜 내가 죽어야 하는지 잠겨야 하는지를
> 나는 모르네 내가 누구의 포로인가를
> 나는 모르네 내가 누구의 사랑인가를
>
> ―카트린느 포지, 「닉스(밤의 여신)」

마찬가지로 신화 속에서 여신은 하나의 비유이자 상징으로서 우리 내면에 있는 힘과 에너지를 나타낸다.

아름다움에 대한 인식을 확장시키고 미적 편견을 깨트리는데 이보다 더 좋은 도구는 없을 듯하다. 재료는 돌과 상아가 주를 이룬다. 『스눕(Snoop)』을 출간한 심리학자 샘 고슬링(Sam Gosling) 역시 "사람은 누구나 자기가 살고 있는 공간에서 무의식적으로 자신의 성향을 반영한 행동의 잔여물이나 취향이 담긴 물건을 두기 마련"이라고 강조한다.

2008년 9월 독일 슈바벤 지방의 펠스 동굴에서 발견된 맘모스의 어금니로 만들어진 조각상은 방사성 탄소 측정 결과 약 3만 5,000년 전 것으로 추정되었다. 이전까지 가장 오래된 인체 조형물은 빌렌도르프

의 비너스 조각품(2만 5,000년)이었지만 〈슈바벤 비너스〉가 발견됨으로써 1만 년이나 앞섰으며 세계에서 가장 오래된 여신으로 등극했다. 누군가의 목걸이 팬던트로 사용했을 것 같은 이 머리가 없는 조각을 처음 보았을 때, 나는 과장되게 표현된 유방과 엉덩이, 매일 아침 알을 쏙쏙 잘 낳을 것 같은 배와 성기를 가진 암탉으로 보았다. 멀리서부터 고소한 냄새가 입맛을 당기는, 전기 오븐에서 갓 꺼내 김이 모락모락 오르는 먹음직스러운 통닭, 그 이상도 그 이하도 아니었다.

존 싱어 사전트 〈용현항 향기〉 1898

출산율이 세계에서 최저로 떨어지고 고령화사회가 도래되자 우리나라가 머지않아 총인구의 감소로 인해 한민족이 멸종될 수도 있다는 추정 보도까지 나오고 있다. 종족 보전이란 절대 절명의 소명을 외면하는 시대에 고대의 여신들의 풍요로운 몸매를 보며 8등신 몸매만을 원하는 신세대의 문화. 인류 재앙인 불임이 몇 집 걸러 하나씩 나타나고 더 나아가 3~40대 폐경이 찾아오는 기이한 현상을 목격하게 된다. 그뿐만이 아니다. 예전에는 쉬쉬 숨기던 혼전 임신이 혼수 1호로 자리매김하게 되었으니 이 아니 두려운 일일까. 이것은 자연의 섭리를 어기는 것으로 환경보호보다도 더 중대한 일일 터.

어느 날 고대 식물학자 사라 메이슨은 베스토니체 마을의 2만 6,390

년 된 집터에서 발굴해 낸 재를 전자현미경으로 관찰했다. 그 결과 그 속에서 데이지 또는 해국과⁽科⁾ 식물 뿌리를 발견했다. 그 마을 여성들은 이 식용식물들을 캐내고 먹을 수 있게 요리했을 것이다. 따라서 식물을 채집하고 그물을 짜며 때론 사냥도 하고 종교적 역할까지 도맡았던 것으로 보아 식량을 제공한 쪽은 남성이 아닌 여성들이었다는 결론을 내렸다. 상아·돌·동물뼈·점토 등으로 만들어진 빙하기 여성들의 모습은 과장과 생략으로 풍요와 다산을 비는 의식용으로 높은 사회적 역할을 담당한 것으로 보인다. 이런 위대한 여신의 이미지는 그동안 우리가 가졌던 고정관념을 완전히 뒤엎는 것이다.

인간은 고대 공동체부터 현재에 이르기까지 인간의 모습을 다양하게 표현해 왔다. 전체적으로 그들의 집단적 표상이라 일컫는 이 작은 여신들에게서 발견할 수 있는 공통점은 바로 인간을 형상화했다는 점이다. 이 표상들은 상징적인 본질을 지닌 지표들로서 실제 모습을 있는 그대로가 아닌 과장, 생략, 추상화 등의 기법을 통해 비현실적으로 나타내었다. 그 한 예로 1922년 프랑스 남부 피레네 산맥 기슭 레스푸그 지방에서 발견된 〈레스푸그 비너스〉다. 그녀는 『플레이보이』 잡지 모델 부럽지 않은 F컵의 비너스, 비욘세를 능가하는 허벅지, 50사이즈는 됨직한 허리를 출렁이며 당당히 이태원의 특대 사이즈 전문샵을 누빌 것 같다.

어떤 것도 강제하지 않는 한 덩어리의 맘모스 이빨에 조각된 이 여신상을 자세히 보면 해부학적 구조를 도통 무시한다. 그러고는 사면에서 슈~슈~ 부풀어 오르는 크림빵처럼 매끄러운 지방 덩어리들로 둘러싸여 있다. 그 여신의 엉덩이 아래로부터 무릎까지 10개의 수직선이 선명하게 새겨져 있는데, 이것은 마치 자궁에서 흘러내리는 양수를 암시하는 것 같기도 하고, 열 달간의 수태 기간을 기록한 상징인 것도 같다. 우리

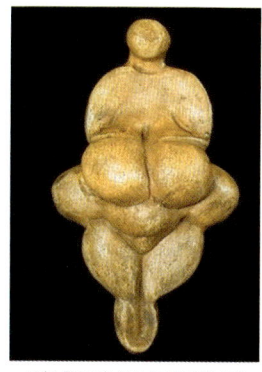  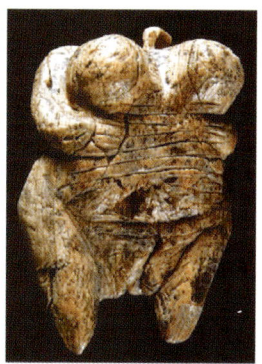

〈레스푸그 비너스〉 2만 7,000년 전　　〈터키 지모신〉 구석기시대　　〈슈바벤 비너스〉 3만 5,000년 전 6cm

는 이러한 구석기인들의 표현을 통해 그들이 일상생활에서 자신들의 생존을 위해 가장 관심을 가졌던 자연의 변화와 생명의 탄생, 그리고 죽음의 신비를 여성적 원리와 결부시켜 해석코자 한 것을 알 수 있다. 인체의 부분들을 과장과 생략을 통해 추상적으로 왜곡한 환조이다.

　인류 역사에 가장 먼저 등장한 여신들 속에 있는 여성의 원형(archetype)이란 우리 눈에 보이는 구체적 모습이 아니라 인간 정신에서 작용하는 내적 이미지를 말한다. 여성성에는 생명, 창조와 같은 긍정적인 측면뿐만 아니라 공포, 파괴도 포함돼 있는데 이는 인간의 삶을 지배하는 원리이기도 하다. 특히 원시 조각의 특징은 풍요와 다산을 기원하며 초자연적인 힘을 지닌 자연과 동물로부터 보호받는 주술적 의미의 조각이 많다. 이러한 비현실적인 이미지의 여신을 보고 프랑스 화가 니키 드 생팔(Nikide Saint-phalle)은 '나나 시리즈'를 현몽했을지도 모른다는 생각이 들었다. 예술가는 자신의 내면세계를 조형적인 언어를 통해 표현함으로서 자신을 이해하고 확인하는 인식의 과정으로서의 의미를 갖게 된다. 그리하여 반복적인 주술적 이미지를 통해 영혼의 소리를 듣지 못하면 불안해했다. 즉 원시인들은 낯선 타자의 주술을 통해서가 아니라 자

 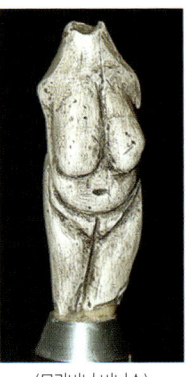 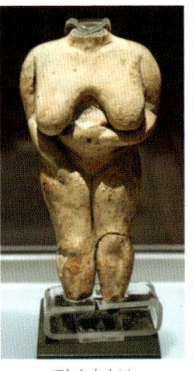 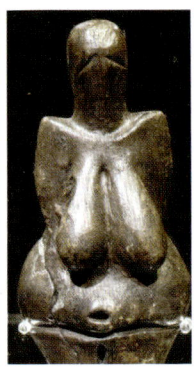

〈빌렌도르프의 비너스〉 2만 5,000년경, 오스트리아 빈 박물관 　〈모라바니 비너스〉 2만 4,800년 전 　〈말타비너스〉 신석기시대 　〈검은 비너스〉 2만 6,000년경

신들의 영매인 부적을 통해 다가오는 현현(epiphany)의 절대 시간에 안주하기를 바랐다.

〈빌렌도르프의 비너스〉는 1909년 오스트리아 다뉴브강 옆 빌렌도르프에서 발견된, 돌로 만든 여인상이다. 11Cm의 조그만 계란형 돌에 유방·배·둔부·성기만을 이상적으로 표현하였다. 생식과 다산의 상징으로 주술적 숭배의 대상인 동시에 번영, 안전의 부적으로 사용되었던 것으로 추정한다.

끄덕끄덕 시간이 졸며 흘러가던 오리냐크 문화기(BC 25,000년경)에 만들어진 빌렌도르프 여신은 비록 눈·코·입이 생략되었어도 웬지 보는 순간부터 푸근한 인상을 받았다. 왜 이런 느낌을 받았을까? 난 오랜 시간이 지난 후에야 그것이 그녀의 당당함 속에 숨어 있는 어떤 수줍음 때문이라는 것을 깨달았다. 흉측하게 큰 유방과 배꼽과 성기를 거침없이 드러내고 있지만, 일상 속 자아를 투사하여 여신과 동일함을 확인하고 스스로에 대한 존재감을 표현하고 있다. 드러날 듯 말 듯 커다란 가슴 위에 올려놓은 아주 작은 손과 조심스레 발끝을 살짝 들어 올린 다리와 무표정. 저 말없음 속에는 분명 발개진 두 볼이 숨겨져 있을 것만 같다. 해 질 녘 고된 하루를 지고 들어와 꼬질꼬질한 손으로 엄마 젖을 만지며 잠들던 어린 날의 평온함. 이건 고대의 이상적인 여인상이 아니라 시대를 초월한 모성상이다. 어머니의 자궁 속으로 회귀하고자 하는 프로이트적 욕망처럼 풍만한 어머니의 자궁 속에서 사라지지 않는 시간의 자양분을 취한다. 이것은 그 절대적 행복감에 대한 본향의 향수이자 모성이 주는 성장과 치유의 신비다.

3만 년 전 크로마뇽인들은 이런 비례의 몸을 아름답다고 생각했다. 지금 생각하면 너무 우습지만 아름다움의 기준은 이렇듯 시대에 따라 현저한 차이를 보이는 것이 특징이다. 원시인들은 잘 먹고, 입고, 자고, 자손을 많이 낳아 부족이 번창하는 것을 최고의 덕목이자 행복한 기준으로 여겼다. 그래서 일과 사냥은 물론 아이를 잘 낳는 튼실한 여성이 아름다움의 조건이 된 것이다. '호모 사이엔스'로 알려진 이들은 주로 동굴 생활을 영위했다. 이런 조각을 만들기 전에는 동굴 벽에 들소나 말, 순록 등 다양한 동물과 사냥을 소재로 한 붉은색 그림을 그렸다. 더 많은 사냥감을 잡기 위한 풍요의 기원이 담긴 종교의식이었던 셈이다. 돌을 깎은 원시인들은 얼굴 표정보다 몸의 형태가 더 중요했던 것이다. 지나친 과장법으로 표현된 커다란 가슴과 엉덩이는 비록 우스꽝스럽게 보이지만 그런 현상 뒤에는 아이를 많이 낳기를 바라는 간절한 소망이 담겨 있었다.

> 우리의 지위의 문제를 우연적 요소들에 맡긴다는 것은 불안한 일이다. 그러나 합리적 통제라는 관념에 완전히 물들어, 불운이 실패를 설명하는 그럴듯한 이유가 될 수 있다는 관념을 폐기해 버린 세상에 산다는 것은 더 힘든 일이다.
> ─알랭드 보통, 『불안』 부분

〈브라싱푸이 비너스〉 2만 2,000년 전

〈브라상 푸이 비너스〉는 1882년 프랑스 오리냐크기 문화층인 브라상푸이 지방의 파프 동굴(grotte du Pape)에서 출토된 아주 세련된 조각상이다. 머리에 밀 쓴 것이 특징이다. 상아로 만들어진 높이 3.65㎝의 두상은 구석기시대 여신의 얼굴을 잘 표현했다. 이 단발머리 소녀의 얼굴형은 전체 분위기가 부드럽고 신세대 여성들이 선호하는 삼각형으로 가늘고 긴 목, 예쁘게 오므린 입언저리 등이 역대 조각상 중에서 현대인에 가장 근접한다. 고고학자들에 의하면 구석기인들이 머리에 가발을 썼거나, 머리를 묶어 올리거나, 리본으로 동여매거나, 망사 헝겊을 쓴 것으로 추정하고 있다. 그렇다면 그녀들도 우리와 똑같이 비바람 치는 날이면 머리 모양이 망가질까 염려했던 걸까? 현대인들이 성적 관심을 집중시키기 위해 몸을 치장하는 것과 같이, 여자들의 아름다움에 대한 본능적 욕구는 세기와 세대를 건너와 지구촌 곳곳의 거리에서 각양각색의 욕망으로 피어나고 있다.

 1894년 프랑스 도르도뉴에 있는 구석기시대의 암굴 부조 유적지인 로셀에서 〈로셀의 비너스〉를 발견했다. 여성적인 특징이 두드러지게 강조되어 있는 이 암각화는 최소 2만 살인 그녀의 정서적 물리적 시간을 보여 줄 뿐 어디에 살던 누구라든가, 취미가 무엇이라든가, 누구와 진한 사랑을 한 것 등은 과감히 생략해 버린다. 조금은 부끄러운 듯 왼손은 유난히 부푼 자신의 배를 가리고 있고 오른손에는 초승달 모양의 들소 뿔을 들고 있다. 헝가리 빵 크루아상(croissant)을 닮은 들소 뿔에는 13개의 세로줄이 새겨져 있다. 이 부조는 인간의 생식이 달의 위상 변화 및 주기와 깊은 관계를 암시하는 것으로 달과 자궁(월경)이 찼다 기우는 관계를 형상화한 것이다. 그것은 원시인들이 인간이 죽으면 어머니 자궁으로 돌아가서 달처럼 다시 태어날 것이라고 생각한 것과 같은 맥락을 이룬다. 그리하여 그들은 삶이 달의 변화와 같이 삶과 죽음이 끊임없이 반복, 재생될 것이라고 믿었다.

또한 구석기시대에 무한한 생명의 원천으로서의 물을 형상화한 이미지로 자주 등장하는 대표적인 상징물로 새와 뱀이 있다. 그렇다면 여신의 이미지가 새와 뱀으로 나타나는 것은 왜일까? 새는 하늘의 정령으로 하늘 위에서 생명을 가져오는 물과 연관되었고, 뱀은 땅속에서 생명을 가져오는 물과 연관되었다. 따라서 아름다운 여신의 얼굴에 새의 몸을 가진 하르푸이아들과 여신의 얼굴에 사자의 몸과 날개가 달린 스핑크스, 여신의 얼굴에 새의 몸을 가진 세이렌 등이 있다. 이들은 위대한 어머니 여신이 가졌던 초월적 능력의 상징과 긍정적인 가치들이 가부장제 신화 속으로 통합되는 가운데 부정적인 가치를 부여받게 되면서 사악하고 흉측한 괴물의 속성으로 변형된 모습들인 것이다.

〈로셀의 비너스〉 2만 년경, 보르도의 샤롱

〈구석기시대 드로잉 암각화〉

앞서 살펴보았듯이 정도의 차이는 있지만 복부와 엉덩이 가슴 부분이 과장돼 있어 신체 가운데 부분 면적이 가장 넓고, 머리와 다리를 꼭 지점으로 갈수록 면적이 줄어든다. 과장된 부분을 자세히 표현하면서도 팔과 다리, 머리 부분의 묘사는 생략하거나 간략하다. 따라서 여신의 마름모꼴 몸의 형태에 대한 학계의 시선은 대체로 세 가지로 압축된다. 첫째는 구시대의 인종적 특징을 그대로 나타낸 사실적 작품이라는 설과, 두 번째는 풍요와 다산을 기원하는 인간의 심리를 표출한 상징으로 보는 주장과, 세 번째는 원시인들이 숭배했던 수호신을 직접 묘사한 것이라는 입장이다. 그러나 농경사회도 아니어서 풍족한 식량도 얻기 힘들었을 당시를 추측해 보건대 이러한 여신의 고도비만은 다산과 풍요를 기원하는 바람이 담겨 있을 것이란 두 번째 가설이 힘을 보탠다.

이와 같이 여신에 대한 찬미와 고양이 시도된 최초의 원형들은 하나같이 풍요와 다산의 주술적 용도였다. 여기서 흥미로운 것은 새로울 것도 없는 유감주술(類感呪術)적 지모신 숭배론이다. 그리하여 세상에 드러난 여신들은 대부분 크기가 작고 고리가 있던 것으로 보아 목걸이 팬던트나 걸어 놓는 장식품처럼 부적으로 사용되었던 것으로 보고 있다. 여성의 누드를 형상화한 조각을 장식용으로 활용했다는 점에서 구석기인들의 성적 관심도가 비교적 높았을 것으로 추측된다.

동굴은 동서양을 막론하고 생명의 모태이자 여성의 생식기 즉 여성성의 상징으로 받아들여졌다. 우리나라 신화 속 곰이 웅녀로 거듭난 곳도, 중국 여신 사왕모의 거처도 동굴이었으며, 삶과 죽음이 공존하고 죽음에서 삶으로, 삶에서 죽음으로 순환하는 재탄생의 내밀한 공간, 즉 위대한 어머니의 성소로 여겨져 왔다.

약시(Yaksi) 또한 인도 신앙에서 풍요와 다산을 상징하는 위대한 대지여신을 일컫는다. 따라서 여자를 대지라 여기는 것은 곧 여성과 대지의 생산 매커니즘을 동일시하는 지모신(Mother Earth) 사상 위의 〈자이나교 약시 여신〉 부조를 보더라도 사방으로 아이들을 배치한 구도로 보아 다산과 풍요를 현시적으로 형상화한 작품이다. 미루어 보건대 어느 곳에서 출토된 지모신이든, 지모신이란 원시인들의 여러 겹의 의식이며 우주적 동시성으로 보인다. 이렇게 여신들은 인간의 모습으로 형상화되고 종종 감각적이고 에로틱한 모습으로 표현되기도 한다. 하지만 세속적으로 느껴지는 이러한 표현들은 어느 신화, 문학, 미술, 음악에서도 쉽게 찾아볼 수 있는 소재이다.

우물과 호수, 대양, 강물, 달 특히 초승달 그리고 바구니와 컵, 항아리 같은 그릇들은 여성 상징물은 모두 고대의 주요한 여성 상징으로, 받아들이는 자, 운반자, 생명을 주는 자, 보호자, 양육자라는 의미를 지니고 있다.

마찬가지로 힌두교 신화에서 탄생과 죽음의 어머니 칼리는 창조자─파괴자를 나타내는 모든 상징이 어머니에서 시작했다는 것을 미루어 짐작할 수 있다. 3만 년은 되었을 구석기시대의 조각품을 보면 풍요를 나타내는 여성 이미지 가운데 가장 무서운 존재가 칼리다. 그래서 바람과 소리로 움직이는 인도의 여신들의 활동 역시 창조와 파괴, 에로스와 타나토스라는 양면성을 구현한다. 또 많은 우주 원천이 남성 신이나 양성적 창조 신이라고 하지만 자연을 의인화한 모계인 여신 대지나 창조의 힘 그 자체에 대한 숭배가 그보다 먼저였을 가능성은 높다.

프랑스 루브르에 있는 비너스는 창문 너머로 에게 해의 밀로스 섬을 떠올리고 있었다. 어떤 사연이 있어 나는 부서진 채 밀로스 섬에서 발견된 것일까? 미의 여신인 〈밀로의 비너스〉는 품격 있는 머리와 완벽한 처녀의 가슴과 허리를 다 드러내 놓고 자랑한다. 남성들의 눈길이

고대 〈대지의 여신 약시〉 캘커타 인도 박물관

고대 〈대지의 여신 약시〉 캘커타 인도 박물관

흘러내리다 간신히 골반에 걸쳐져 있는 긴 드레스 자락은 우아한 몸매를 살포시 어루만진다. 오늘도 현대 여성들의 이상으로 꼽히는 자신의 몸을 찍는 수많은 관광객을 본다. 그리곤 시간이 흐르면 잊혀질 기억의 한 도막을 위해 허리를 비틀고 서 있는 자신이 가엾다고 생각한다.

크레타의 미노아 문명에 나타나는 여신들은 구석기 여신상들과는 다른 신체적 특성을 나타내고 있다. 그들은 몸의 선을 드러내는 주름 무늬의 옷을 입거나 지나치게 복부까지 축 늘어졌던 여신의 가슴은 위로 올라와 과감하게 노출시키고 있다. 원시인들에 비해 원초적인 능력을 몸을 통해 직접적으로 표현하려고 노력한 것에 비해 크레타 시대의 사람들은 구체적인 특징보다는 다양한 상징적인 표상들을 통해 일상성 속에서 추상적 특징을 표현하려고 하였다. 앞에서와 같이 선사시대의 여인상에 모두 '비너스'라는 이름이 붙여지는 것도 원초적인 능력인 생산성과 관련된다. 일반적으로 비너스는 미의 여신으로 알려져 있지만, 풍요의 여신이기도 하다. 따라서 이 여신상들을 철저하게 개체 증식과 자기 복제라는 차원에서 생산성을 지닌 존재로 해석하고 있다는 것을 보여 준다.

동양권에서는 중국 동부에 있는 최대의 염호(鹽湖) 유만(柳灣) 지역의 신석기 유적지에서는 여인의 모습이 그려진 주전자가 출토되었다. 주전자에 그려진 나체의 여인은 풍만한 유방과 여성의 음부를 강조하였다. 이러한 표현 방식은 여성의 성적 매력을 강조한 것으로 이 주전자 역시 생산과 풍요를 기원하는 제의에 사용하거나 주술적 의미를 가진 것으로 이해할 수 있다. 그리스 신화에서 아탈란테와 멜라니온은 제우스의 신전에서 사랑을 나누다가 신을 모독한 벌로 암사자와 수사자로 변했다. 고대에는 사자끼리는 서로 맺어질 수 없다고 믿었기 때문에 두 사람이 영원히 결합할 수 없도록 내린 벌이라고 할 수 있다. 이로부터 〈에페수스의 아르테미스 여신상〉을 묘사한 회화나 조각 작품에는 두 마리의 사자가 시종처럼 따르게 되었다. 두 팔을 벌려 "배고픈 이들은 다 나에게 오너라."라며 금방이라도 젖을 꿀꺽꿀꺽 배가 터지도록 먹여 줄 것 같은 자애로운 여신! 터키 고대 도시 에베소의 지모신인 키벨레는 가슴에 주렁주렁 달린 18개의 유방으로 관객을 압도한다. 잘못 먹다 눌리면 질식사하고도 남을 것 같은 풍요와 생산의 상징이다. 전신에 밀생(密生)한 작은 과실의 장식품과 갖가지 동물은 그녀가 동식물의 보호자임을 여실히 보여 주는 위대한 어머니의 풍경이다.

이집트 헬리오폴리스 신화 속의 여신은 〈이시스〉이다. 이시스는 우주 안의 죽음을 관장하고 생명을 부화시키는 사랑의 힘을 대변한다. 이집트가 태초에 원시적인 물 누(Nun)로부터 출렁이며 탄생했듯이 그녀는

 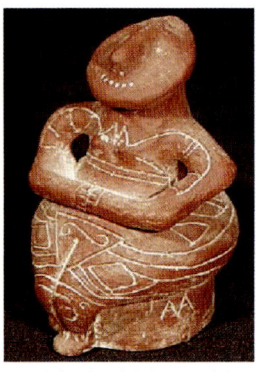 

〈에페수스의 아르테미스 여신상〉　　〈파지르지크 여신상〉 4,500년경　　〈타라 여신〉 사르나트, 프라티하라시대 10세기

지금도 끓어질 리 없는 누를 짜내어 이집트를 먹여 살리고 있다. 그 옆에 있는 사암 조각상인 〈타라 여신〉의 기원은 아미타불의 눈에서 나온 청색빛 또는 관음보살의 눈물에서 태어났다. 타라는 밀교의 샥티(여성적인 에너지)로 이해되었고 구원의 대지 여신으로 섬겨졌다. 아, 잠깐~ 유희좌라 부르는 편안한 자세를 취하며 슬며시 오른발을 돌 위에 올려놓았다. 발목에 있는 저 발찌, 어디서 본 거지? 맞아 맞다. 인도에서 전통무용 〈오딧시〉를 추던 섹시한 여자 무희의 발목에 있던 '구루구루'라는 방울을 닮았다. 저런 방울 발찌를 나도 하나 사 갖고 와서 그해 여름 서울을 시끄럽게 했었다.

　오른손 바닥에는 만다라, 왼손은 연화 줄기를 잡고, 깔고 앉은 연화대는 역삼각형 모양의 우팔라(Utpala, 청연화)를 뜻하며 타라의 상징적인 지물이 되었다. 까마득한 옛날에 만들어진 작품들의 예술성은 지금 보아도 놀랍기 그지없다. 고고학자들은 오늘도 어디선가 삽을 들고 여신 숭배가 삶의 중심이었던 고대 공동체가 남긴 유물들을 조용히 발굴하고 있을 것이다. 들리시죠? 저 삽 소리.

다시 그리스로 떠나 보자. 그리스 시칠리아 섬 동해안에는 시라쿠사 (Siracusa)라는 도시가 있다. 그리스 수학자이자 철학자이고 물리학자이던 아르키메데스(Archimedes)의 고향이기도 하다. 그 거리에 가면 동상이 하나 서 있는데 보는 관광객마다 이 동상을 보고 처음에는 웃지 않는 사람이 없다. 앞머리에는 머리숱이 무성하고 뒷머리는 대머리인데다가 발에는 날개가 있는 이상한 모습이기 때문이다. 하지만 그 밑에 새겨져 있는 글을 보고는 감명을 받는다.

> 앞머리가 무성한 이유는 사람들이 나를 보았을 때
> 쉽게 붙잡을 수 있도록 하기 위함이고
> 뒷머리가 대머리인 이유는 내가 지나가면 사람들이
> 다시는 붙잡지 못하도록 하기 위함이며
> 발에 날개가 달린 이유는 최대한 빨리 사라지기 위함이다
> 나의 이름은 '기회'이다.
>
> 1. 입 밖에 낸 말
> 2. 쏴 버린 화살
> 3. 흘러간 세월
> 4. 놓쳐 버린 기회
>
> ―돌아오지 않는 네 가지

기회를 뜻하는 영어 occasion도 기회의 여신 오카시오(occasio)에서 파생되었다. 유 오카시오 기회의 여신의 그림을 보라. 한 장소에 오래 머무르지 않기 때문에 바다 위 항상 굴러가는 바퀴 위에 있다. 신발에는 날개가 달려 있어서 빠른 속력으로 지나가 버린다. 게다가 앞머리는 풍

그리스 〈기회의 여신, 오카시오〉

성하기 때문에 가까이 다가왔을 때는 확 낚아챌 수 있지만 아차 하는 순간에 여신이 지나가 버리면 뒷머리는 머리채가 없어서 잡을 수가 없다. 만약 구차하게 지나간 여신을 끝까지 잡으려 한다면 여신은 들고 있는 칼을 뒤따라오는 자에게 휘두른다.

네델란드 인문학자 에라스무스는 Nosce Tempus(알맞은 때를 알라)라고 말한다. 준비된 자에게만 기회는 머리채를 잡힐 테니까.

즈지스와프 벡신스키 〈무제〉 1984

죽음의 이상한 콘서트

만남보다
빨리 오는 이별 앞에
삶은 가끔 눈물겨워도
아름다웠다고 고백하는
해 질 무렵 어느 날
애틋하게 물드는
내 가슴의 노을빛 빈집

―이해인, 「해 질 무렵 어느 날」 부분

 오늘 아침엔 당신을 불꽃 튀게 바라보던 눈, 당신의 볼을 따스하게 부비던 입술이 사라졌다. 여왕벌처럼 빛나는 시적인 순간들이 서로를 못 본 채 모두가 귀신이 되어 사라졌다. 긴긴 술잠에 빠진 불안한 마법이 느리게 외부를 바라보는 눈을 가두어 버린다. 지금을 잊는 게 아닐까? 낯선 것에 섞이지 않은 채 당신의 입술을 탐하던 앵두빛은 없다. 생의 한계를 하얗게 해독하듯 내면에서 백골을 담아내며 키스할 때 간혹 부딪치던 이

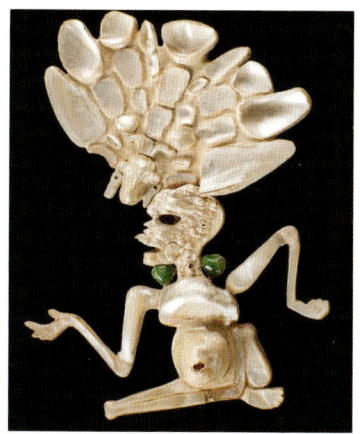 

고대 마야 〈죽음의 신〉 과테말라 국립고고학 민족학 박물관

빈센트 반 고흐 〈담배를 문 해골〉 1885, 암스테르담 반 고흐 미술관

빨만 무성하다. 살이 통통하게 붙은 초상화가 노란 꽃 속을 돌아다니는 당신이라면 저 빈집의 거친 골조 같은 해골도 당신이기 때문이다.

담배 연기가 모락모락 피어오르는 고흐의 〈담배를 문 해골〉에도 한때는 반짝이는 눈 속으로 별이 떨어졌을 것이다. 아침이면 서로의 눈 속에서 별들의 껍질을 꺼냈을 것이다. 오늘따라 저 그림을 보니 몇 년 전에 폐암으로 돌아가신 『정신과 표현』 주간이신 송명진 선생님과 대학 시절 영안실에서 아르바이트를 했다는 데미안 허스트의 〈신의 사랑을 위하여〉란 작품이 생각난다. 해골에 백금 틀을 씌우고 8,601개의 다이아몬드를 박아 940억 원에 팔린 허스트의 작품이나 마야의 〈죽음의 신〉이나 "너도 언젠가는 죽을 것이다."라고 말하는 것 같다.

녹기 전의 저 눈밭은

얼마나 눈부신가

지기 전의 저 꽃잎은

얼마나 어여쁜가

세상의 값진 것들은

사라지기 때문이리

사랑도

우리의 목숨도

그래서 황홀쿠나

―임보, 「이별의 노래」

장쿠쟁 〈에바 프리마 판도라〉 1550, 루브르 박물관

죽음은 삶처럼 흔하다. 장쿠쟁의 〈에바 프리마 판도라〉를 보라. 저 누드의 아름다운 여인이 오른 팔로 지그시 누른 것이 무엇인가? 긴 소파에 누드로 누워 쿠션으로 대치한 것은 말할 필요도 없이 바라보기도 싫은 해골이다. 17세기 초 네덜란드를 풍미했던 '인생무상'이라는 '바니타스'다. 당시 네덜란드를 억압해 오던 칼빈주의적 교훈에 의해 시들고, 썩고, 깨져 버릴 현세의 쾌락을 쫓는 대신 종교적 규율에 충실하라는 반어법이 더 강했던 작품들로 이 그림 역시 삶의 허무가 그림의 주제의식이다.

어여쁜 꽃과 젊은 여성은 아름다우나 곧 진다. 향기로운 열매와 싱싱한 야채도 옛 노래처럼 덧없이 흘러간다. 존재의 무상함과 공허함을 은유적으로 역설하는 이런 바니타스 정물화들은 일반 정물화와 달리 허영, 허무, 덧없음, 무상 등을 의미하기 위해 시들어 버린 꽃이나 벌레 먹은 과일, 모래시계, 해골 등과 같이 그로테스크한 이미지를 담고 있다.

바니타스 정물에 이끌리는 시각적 충동 뒤에는 정물 속에 감추어진 시간적 소멸, 즉 죽음이라는 실재의 그림자가 존재한다. 당신의 실크로드에도 바니타스(vanitas, 덧없음)의 검은 발자국만 베고 누워 있는 와인 잔과 시든 꽃과 불 꺼진 촛대가 있다.

사막의 모래 파도는 연필 스케치풍이다 모래 파도는 자주 정지하여 제 흐느낌의 像을 바라본다 모래 파도는 빗살무늬 종종걸음으로 죽은 낙타를 매장한다 모래葬을 건디지 못하여 모래가 토해 낸 주검은 모래 파도와 함께 떠다닌다 모래 파도는 음악은 아니지만 한 옥타브의 음역 전체를 빌려 사막의 목관을 채운다 바람은 귀가 없고 바람 소리 또한 귀없이 들어야 한다 어떤 바람은 더 많은 바람이 필요하다 모래가 건조시키는 포르말린 뼈들은 작은 櫓처럼 길고 넙적하다 그 뼈들은 모래 속에서도 반음 높이 노를 저어 갔다 뼈들이 닿으려는 곳은 모래나 사람이 무릎으로 닿으려는 곳이다 고요조차 움직이지 못하면 뼈와 櫓는 증발한다 물기 없는 뼈들은 기화되면 이미 내 것이 아니다 너무 가벼워 사라지는 뼈들은,

―송재학,「모래葬」

    도미니카 공화국에 사는 안데스 원주민들은 무덤에 가서 음식과 술을 망자에게 드린다. 럼주를 마실 때도 첫 몇 방울은 고시레~, 과일을 먹을 때도 고시레~ 하고 먹는다. 망자에게 예의를 차리는 것이다. 어린 시절 할머니와 예당호로 놀러 갔을 때 먹던 도시락이나, 한여름 보리타작하며 먹던 열무김치 보리밥도 꼭 '고시레'를 한 다음에 먹곤 했다. 우리 전통 혼례에서 신랑 신부는 세 잔의 술을 나누어 마신다. 그 첫째 잔은 지모신에게 감사하는 뜻의 고시레하는 잔이고, 둘째 잔과 셋째 잔은 신랑과 신부의 화합을 기원하는 잔이다. 이처럼 고시레는 음식이 오

후고 짐베르크 〈죽음의 정원〉 1907

기까지의 모든 신들과 망자들에게 먼저 드리는 의식이었다. 후고 짐베르크의 〈죽음의 정원〉은 꽃밭이다. 술 대신, 음식 대신 꽃을 기르며 꽃향기로 고시레를 하는 망자들이 마냥 행복해 보인다.

> 정복되지도 굴복되지도 않은 채
> 너에게 나 자신을 던지리라
> 오, 죽음이여!

―버지니아 울프의 비문

피테르 클라스존의 〈바니타스 정물〉 속 저 해골도 살아서는 농염한 여인의 누드를 벌레처럼 훑고 지나갔을 것이다. 다리를 한껏 벌리며 유방을 흔드는 광고를 보며 그녀의 온몸을 축축하게 쓰다듬었을 것이다. 그렇게 수렁에 빠지면서 스스로를 착취했을 것이다. 짜릿했던 욕망도 심란했던 죄책감도 모래로 부서져 내린 지 오래다.

피테르 클라스존 〈바니타스 정물〉 18세기, 마우리트하위스 왕립미술관

사막은 마지막이며 최초

이다. 사막 어디 동굴에서나 찾음직스러운 〈바니타스 정물〉들은 모래
장으로 건조되고 쏟아지고 부스러지는 사(死)의 현장이다. 클라스존의
〈바니타스 정물〉황금분할 지점에 가장 크게 보이는 것은 사람의 해골
이다. 모든 사람들이 그렇게 피하고 싶지만 결국 이르게 될 인생의 끝
이 거기이기 때문이다. 텅 빈 포도주 잔도 완전히 기울어졌다. 즉 병들
어서 입맛을 다 잃어버리면 어떤 향긋한 맛도 평소처럼 즐길 수 없게
된다는 뜻이다. 불 꺼진 등잔은 이미 모든 게 어두워져서 세상을 바라
보는 기쁨도 사라졌다는 의미이며 그토록 머리가 쥐나도록 달달 외웠
던 지식도 죽음 앞에서는 헛된 것이니 배운 자일수록 겸손하라는 경고
가 아닐까? 그리고 그림의 맨 앞에 있는 시계는 주어진 시간이 많지 않
으니 촌음을 아껴서 순간순간을 열심히 살라는 '유레카' 혹은 '카르페
디엠'인 것이다. 피테르 클라스존은 북구 미술을 풍미했던 네덜란드
정물화가 가운데 죽음의 실체에 가장 가까이 다가섰던 화가다. 그는 그
대에게 그대가 죽음을 선택하는 것이 아니라 죽음이 그대를 선택하는
것이라는 걸 그림을 통해 알려 주고 있다.

웃음도 사라지고, 고통도 사라지고, 수고한 땀도 멈추는 그때, 사람은
육신이란 가죽 푸대를 벗어 버리고 해골과 뼈만 남긴 채 흙으로 돌아간
다. 누구도 해골로 돌아가지 않는 사람이 없다. 죽음이야말로 인간을
가장 평등하게 만드는 영원한 지점이다.

내 죽음 때문에 멈출 수 없기에
친절하게도 죽음이 날 위해 멈추었네
수레는 실었네 우리 자신은 물론
또 영원을
우리는 천천히 나아갔네 죽음은 서두르지 않았네

하여 난 죽음에의 예의로 내 고통과 안일도 함께

실어 버렸네

　　　　　　　—에밀리 디킨슨,「내 죽음 때문에 멈출 수 없기에」부분

　올해 초 뮤지컬 〈오페라의 유령〉등 3D의 성공은 힘이 셌다. 그 힘을 이어받은 3D 상영 바람이 무용계를 강타해 우리를 놀라게 하더니, 9월에는 가수 싸이가 빌보드 차트를 석권하고, 곧 이어서 아웃사이더를 자처하며 산속 오두막에 홀로 은거하던 김기덕 감독이 영화 〈피에타〉로 69회 베네치아영화제에서 황금사자상을 거머쥐었다. 김기덕은 "정서적 상실의 현대사회에서 가족들이 더 이상 돈 때문에 파괴되어 가지 말 것을 간절히 바라는 마음으로 이 작품을 만들었다."고 했다. 그러나 생각해 보면 외국에서 수상하며 격찬을 받은 한국 영화, 즉 박찬욱 감독의 〈올드 보이〉(2003)의 근친상간, 이창동 감독의 〈밀양〉(2007) 속 유괴와 살인, 〈시〉(2010)에서의 유괴 살인과 성폭행 등은 하나같이 로즈버드가 '폭력' 이 아닌 적은 한 번도 없었다. 대작들을 관통하고 있는 이런 현상에 대해 외국의 한 비평가는 "총성도 없이 잔인하고 짜증나는 것은 전쟁과 분단, 독재로 이어져 온 한국인의 트라우마 때문일 것" 이라고 평했다. 앞의 것에다가 압축 성장한 트라우마의 집단 무의식 속 그림자까지 합친다면 아마도 정답이 되지 않을까? 맞는 말일 것이다. 부식되지 않는 슬픔일수록 기쁨으로 치유되지 않는다는 것을 그들은 이미 알아챘기 때문이다.

　32개국에 판권이 팔린 신경숙의 소설 『엄마를 부탁해』(2008)에서도 주인공이 바티칸 성당

플라조 비안코 제노아 〈피에타 막달레나〉 1796

피에타상 앞에서 '엄마를 부탁해!'라고 기도를 올리는 마지막 장면이 있다. 위의 작품 플라조 비얀코 제노아의 〈피에타 막달레나〉역시 부서진 피리를 해골 위에 올려놓고 "신이여! 자비를 내리소서!"라고 말하는 듯하다.

나의 주검이 너의 주검을
만날 수 있다면
거추장스러운 알맹이가
빠져나간 가벼움으로
주검과 주검끼리
서로 어루만질 수 있다면

—송기원, 「주검」 전문

"애야, 엄마는 하늘나라로 가셨단다." "아뇨." "우리 엄마는 죽지 않았어요." "돌아가셨다니까." "아뇨. 아? 니? 라? 니? 까? 요!" "아니라구요~~~~~" 사랑하는 이 세상에 단 하나밖에 없는 엄마의 죽음을 바라보기도, 믿고 싶지도 않은 아이의 절규가 들려온다. 뭉크의 〈엄마의 죽음〉은 말이 필요 없을 만큼 리얼하다. 죽음의 공포에 짓눌려 자신의 두 귀를 막는 아이의 내면에

에드바르트 뭉크 〈엄마의 죽음〉 1899, 베르멘 독일

는 상상할 수 없는 트라우마(trauma)가 생긴 것이다. 이 그림 역시 뭉크 본인의 어린 시절에 경험한 트라우마를 그린 것이다. 정신분석학에서 트라우마는 정신계에 대규모의 교란 상태가 벌어져 쾌락 원칙이 잠정적으로 중단되는 정신적 외상이다. 이런 혼돈의 상태에서 나타난 외상적 실재(treumatic)를 다스리고, 묶는 화가의 그림 그리기를 분해된 무의식을 반복 강박으로 복원시키는 과정에서 변화하는 트라우마의 재현으로 본다. 본래 시나 그림은 정신적 삶을 무대로 하는 현실 인식의 고백이기 때문이다. 자기 기본 구성(basic structure strures of the self)에 손상을 입은 트라우마적 아니마 그림 그리기는 이들이 공통적으로 겪은 분리 불안과 탈애착 형성에서 동기화한다. 따라서 뭉크의 그림에 나타난 죽음의 비극성은 억압된 현실에서 벗어나려는 심연 욕구다.

나는 평생 동안 잠 못 이루는 밤을 한번도 경험해 보지 못한 사람은 절대로 사랑할 수 없을 것 같다. 그런 사람은 아마도 가장 순수한 영혼을 지닌 어린아이 같은 사람일 것이다. 모든 것이 빠르고 정신 없이 진행되는 우리의 생활에서 감각의 삶과 영혼의 삶은 뒤로 물러서 있어, 영혼이 추억과 양심의 거울 앞에 당당히 모습을 드러내는 시간은 놀라울 정도로 짧다. 그런 경험은 어머니가 임종하는 침대 곁이나 관 옆에서, 혹은 외롭게 혼자 떠난 긴 여행에서 돌아오는 순간은 큰 고통을 느끼며 경험하게 된다. 그러나 그때 그것은 늘 다른 것으로부터 방해받거나 왜곡된다. 그런 점에서 잠 못 이루는 밤은 의미가 있다. 그것만이 영혼을 외적인 충격 없이 놀라움과 두려움, 판단과 슬픔을 그대로 표출시키게 만들어 준다.
—헤르만 헤세의 『삶을 견디 내기』 「잠 못 이루는 밤」 중에서

인생은 잃어버림, 즉 상실의 연속이다. 애지중지 아끼던 물건을, 목숨

처럼 사랑했던 사람을, 소중했던 추억을, 어린 시절의 그 푸르른 꿈을 잃어버리고 살아간다. 이렇게 끊임없이 잃어버리는 반복 속에서 생은 완성되어 가는 것이다. 인생을 '꿈속의 꿈'으로 본 장자는 "죽음은 고향으로 돌아가는 것. 두려울 것도 싫어할 것도

제임스 앙소르 〈죽음과 가면〉 1897, 리에주 미술관

없다." 석가모니는 어린자식의 죽음을 애통해하며 살려 달라는 어머니에게 말한다. "이 마을 집집마다 찾아가 사람이 죽어 나간 적이 없는 집에서 공양을 얻어 오거라. 그러면 아이를 살려 줄 것이다." 그러나 사람이 죽어 나가지 않은 집이 세상에 어디에 있겠는가. 죽음은 누구에게나 공평하게 찾아온다. 그럼에도 불구하고 보통 사람들은 죽음의 얼굴과 마주치기를 무엇보다 두려워한다. 그러나 죽음을 친구처럼 받아들이는 위 시 속 행복한 할머니는 추억을 어루만지며 이야기한다. 가 버려라, 어느덧 황혼이 왔다. 살아 있던 시간도 살아 있지 않은 시간도 다 용서해야 할 때다. 내가 죽었을 때 나에게도 다른 사람들과 똑같은 젊고 아름다운 시간이 있었으며 내가 생각하는 나와 남이 생각하는 내가 비슷하기를, 그리고 사랑받는 존재로 기억되길 바란다고 첨부까지 한다. 그렇다. 올 때 축제처럼 여겼으니 갈 때도 서운해하지 말아야 한다. 시계가 멈춘다고 시간이 멈추지는 않으니까.

내가 죽으면

발코니를 열어 놔 둬

사내아이가 오렌지를 먹고 있군

(발코니에서 나는 그를 볼 수 있으니)

농부가 밀을 거두고 있군

(발코니에서 나는 그를 들을 수 있으니)

내가 죽으면

발코니를 열어 놔 둬!

―로르카, 「작별」

클로드 모네 〈카미유의 임종〉 1879, 오르세 미술관

우리의 삶은 확실하고 죽음은 불확실하다. 아니다. 삶은 불확실하고 죽음은 확실하다. 그럼에도 불구하고 사람들은 죽음 이야기를 꺼내면 부담스러워한다. 세상에 태어난 삶 중에 죽지 않는 사람이 없다는 것을 잘 알면서도 말이다.

클로드 모네(1840~1926)는 인상파 화가 중 가장 오래 살아 인상파의 성공을 누린 행운아였다. 모네와 아내 카미유는 화가와 모델로 만나 동거에 들어가 아이까지 낳았다. 당시 부모에게 재정적으로 의존하고 있었던 모네는 이로 인해 부모로부터 지원을 받지 못하게 된다. 집세를 감당하지 못해 파리를 떠나 시골에 정착해 살게 된다. 그러던 중 보불전쟁까지 일어나 친구이자 후원자이기도 했던 바지유가 전사해 모네는 더 궁핍해지고 만다. 마네가 모리조를 열성적으로 그린 것처럼 모네도 카미유를 열심히 화폭에 담았다.

저는 열 살짜리 어린 소녀랍니다

사랑스런 엄마와 아빠… 그리고

오빠, 언니. 동생들도 있지요

(……)

저는 스무 살의 꽃다운 신부랍니다

영원한 사랑을 맹세하면서

(……)

마흔 살이 되니

아이들이 다 자라 집을 떠났어요

허지만 남편이 곁에 있고

쉰 살이 되자 다시금

제 무릎 위에 아가들이 앉아 있네요

사랑스런 손주들과 나…

행복한 할머니입니다.

—호스피스 아카데미, 「삶과 죽음의 시」 부분

   제목이 없는 게 특징인 이 영원한 사랑이 주제인 그림 〈무제〉에서는 파울 첼란의 「죽음의 푸가」가 들려온다. 푸가에서처럼 서로를 마시고 마시고, 연주하고 연주하면서 사랑의 공중에 무덤을 판다. 절대 고독인 그 무덤에서 에로티시즘은 죽음을 뚫고 일어설 것만 같다. 바로 그런 점에 주목한다면 작품 속에서 에로틱하고 생생한 '환시 미술'이라는 독특한 장르가 드러나는 것을 느낄 것이다. 죽음은 나를 비워 나를 찾는 시간이다. 죽어 가면서도 놓을 수 없었던 사랑? 폼페이 화산 유적에서 발굴된 두 남녀(?)로 한동안 인터넷에 떠돌던 벡신스키의 〈무제〉 속 연인들은 '生과 死'라는 불연속성을 연속성으로 지속시키기 위해 사랑에 빠져(being in love) 섹스라는 작은 죽음을 경험한다. 사춘기 내내 2차대전을 겪은 탓일까. 그의 작품 세계는 온통 그로테스크한 섬뜩함과 우울한 격정으로 넘쳐난다. 이 순간 연인들은 서로를 넘어서 초인간적인 세계를 바라보게 된다. 삶과 죽음의 경계에서 벌어지는 황홀한 디오니소스 축제가 끝나자 죽음은 벌써 그들을 관통했다. 해골의 에로티시즘이 살아있는 에로티즘보다 더 뜨거워 보인다. 격렬하게 포옹한 손들은 마치 서로의 살속으로 뚫고 들어갈 듯 뜨겁다. 골격만 남은 이들의 육체는 서로에게 빈틈을 허용하지 않는다. 서로의 육체가 밀착되어 이룬 에로틱한 만다라(mandala)를 보라. 어쩌면 저 만다라의 곡선은 인간들이 간절히 원하는 '완전한 세계' 로서의 해탈, 치유 능력을 가진 신비한 원(圓)으로서의 무의식적 욕망을 훌륭하게 보완하고 있다.

그런 벡신스키에게 고난의 세월이 다가온다. 1998년 그의 아내 조피아가 죽었고 1년 뒤 크리스마스에는 음악 저널리스트인 그의 아들 토마스가 자살한다. 사망, 별세, 부음이란 단어와 마주치는 그의 삶에서 그의 죽음은 취급되지 않았지만, 그 후 2005년에는 벡신스키 자신이 온몸에 17군데 자상을 입은 시신으로 발견된다. 비록 그의 작품들은 때때로 공포스럽고 소름이 돋을 만큼 괴기스러웠으나 대화 중에는 유머 감각이 탁월했다 한다. 그는 또 겸손하여 자신의 전시회 기념행사 등 공식적인 행사를 거부했으며, 영감의 원천으로는 음악을 중점 사용하였다. 폴란드 쳉스토호바 시에 가면 '벡신스키 박물관' 이 있다.

사랑과 존경으로 항상 가슴을 설레이며 바라보던
저 비할 데 없는 모습이 이제
세상을 떠나야만 하는가
흰 눈밭 가운데 시냇물처럼 몰래 흐르던

> 푸른 하늘빛 실핏줄들, 저 사랑스런 윤곽이
> 숨쉬는 대리석처럼 아리따운 그 모습이
> 정녕 사라져야만 하는가!
>
> —셸리, 「죽음」

고대에 xenia는 정물화를 지칭하는 말이었다. 그리스어 xenia가 라틴어로는 손님에게 주는 선물, 로마 시대의 모자이크 그림에서의 xenia 장식(무늬)은 손님들에게 후하게 제공된 여

데이빗 베일리 〈젊은 화가의 초상이 있는 정물〉 1651

러 가지 먹을거리들을 뜻한다. 정물화가 회화의 전면에 나선 것은 17세기 네덜란드에서였다. 종교개혁으로 종교화가 퇴조하고 북유럽의 사실주의 전통을 이어받은 초상화, 정물화, 풍경화 등이 그 자리를 채웠는데 해골, 모래시계, 꽃, 썩은 과일, 꺼진 촛불, 유리잔, 낡은 책, 부서진 악기 등을 그린 정물화는 보이는 그대로가 아닌 '바니타스' 즉 인생은 부질없는 것, 일시적인 것, 무상한 것이라는 심오한 교훈을 담고 있다.

위 그림 속 젊은이가 당신을 향해 말한다. "나는 어떤 관념 때문에 죽는 사람들에 대해선 신물이 난다. 나는 영웅주의를 믿지 않는다. 내가 흥미를 느끼는 것은, 사랑하는 것을 위해서 살고 사랑하는 것을 위해서 죽는 일이다."라고 『페스트』에서 알베르 카뮈가 한 말을 인용한다.

갈 때는 그냥 살짝 가면 돼

술값은 쟤들이 낼 거야

옆자리 앉은 친구가 귀에 대고 소곤거린다

그때 나는 무슨 게시처럼

죽음을 떠올리고 빙긋이 웃는다

그래 죽을 때도 그러자

화장실 가는 것처럼 슬그머니

화장실 가서 안 오는 것처럼 슬그머니

(……)

―윤재철, 「갈 때는 그냥 살짝 가면 돼」 부분

에두아르드 체모트 〈죽음〉 1921, 개인 소장

『정글북』의 작가 러디야드 키플링은 "네가 세상을 보고 미소 지으면 세상은 너를 보고 함박웃음을 짓고, 네가 세상을 보고 찡그리면 세상은 너에게 화낼 것이다!"라고 말한다. 여인이여! 찡그리지 마시길! 거울에 비친 당신의 자아인 해골도 함박 웃을 수 있게!

누가 죽었는지

꽃집에 등이 하나 걸려 있다

(……)

살아서는 마음의 등을 꺼 버린 자가

죽어서 등을 켜고 말없이 누워 있다

때로는 사랑하는 순간보다 사랑이 준 상처를

생각하는 순간이 많아

지금은 상처마저도 등을 켜는 시간

누가 한 생애를 꽃처럼 저버렸는지

등 하나가

꽃집에 걸려 있다

—신석정, 「꽃집」 부분

상처마다 등을 켜는 꽃들이 환하다. 죽음의 카니발로 순환되는 꽃집의 불빛이 따뜻하다. 자로슬라브파누스카의 〈창 안으로 죽음을 바라보는 죽음〉을 보라. 훈훈한 방 안에서 누군가 이승을 하직하는가 보다. 마지막 팁으로 어떤 유언을 남길까? 먼저 온 죽음이 밖에서 새롭게 태어나는 죽음의 별을 기다리는데…….

자로슬라브파누스카 〈창 안으로 죽음을 바라보는 죽음〉 1900, 개인 소장

죽음의 이상한 콘서트

그대는 어떤 유언을 남기는 중인가요? 단 한 줄 "에이 씨팔, 괜히 왔다 가나벼."라는 유언을 남긴 걸레 스님 중광과 "나는 유언도 싫다. 무덤도 싫다. 죽어 남의 눈물을 빌기보다는 나 차라리 살아서 뭇 까마귀 떼를 불러들여 더러운 내 몸 샅샅이 쪼아 피 내도록 버려 두리."라던 보들레르의 유언을 보며…….

재미있는 유언으로 버나드 쇼의 "우물쭈물하다가 내 이럴 줄 알았다.", 『톰 아저씨의 오두막』 작가인 해리엇 비처 스토는 "어떤 어려움이 닥쳐도 포기하지 말라. 다시 기회는 온다.", "눈물 날 정도로 혼신을 다해 살아라."고 말한 카뮈, "불가능을 꿈꾸는 사람을 나는 사랑한다."고 한 괴테도 이야기 주머니(設囊)에 있다. 『암흑의 오지』 작가인 커르츠는 "끔찍하다, 끔찍해."(horror, horror)라고 소리치다 죽고, 헨리 제임스는 책 『여인의 초상』에서는 대신 죽을 수 있다는 이자벨에게 랠프는 말한다. "이자벨, 삶이 더 좋은 거야. 왜냐하면 삶에는 사랑이 있기 때문에. 죽음은 좋은 거지만 사랑이 없어. 고통은 결국 사라져. 그러나 사랑은 남지. 그걸 모르고 왜 우리가 그렇게 고통스럽게 살아가야 하는지 모르겠다."

> 옷자락이 물 위에 넓게 펼쳐져서 인어처럼 잠시 물 위에 뜬 채,
> 자신의 불행을 모르는 사람처럼, 물에서 태어나 물에서 산 생물처럼,
> 편안하게 송가를 불렀단다. 그러나 그것도 잠시, 물을 먹은 옷이
> 가련한 그 애의 노래를 잡아당기더니 결국 물 밑 죽음의 진흙 속으로 끌고 갔구나
>
> ─셰익스피어, 『햄릿』 부분

아쉽게도 자기 치유로서 자살을 선택한 영국 소설가 버지니아 울프

는 "나의 모든 행복은 당신이 준 것."이라고 쓴 쪽지를 남편에게 남겨 두고 아우스강으로 뛰어들어 숨을 거두고, 오필리아는 햄릿 대신 꽃을 잡고 물의 나라로 떠나고, 서른둘이란 불꽃 같은 나이에 가스 오븐에 머리를 박고 죽은 미

존 에버렛 밀레이 〈오필리아〉 1876

국 시인 실비아 플라스는 자기 실현의 신화소(神話素)로서 아래의 서시로 유서를 대신했다.

> 가끔씩 나는 나무를 꿈꾼다
> 내 인생의 나뭇가지 하나는 결혼할 남자
> 거기 달린 잎들은 아이들이다
> 다른 가지는 작가로서의 내 미래
> 거기 달린 잎은 나의 시다
> 그러나 어느새 잎은 갈색이 되어 바람에 날아가고
> 나무는 모든 것을 잃고 헐벗고야 만다
>
> ―실비아 플라스, 「서시」 부분

제임스 앙소르(James Ensor, 1860-1949)는 벨기에 오스텐드라는 작은 외딴 어촌에서 자랐다. 어린 시절 그의 어머니는 카니발용 가면 등을 파는 기념품 가게를 운영했다. 이 시기의 가면이 그의 작품에 형상화되어 나타나는 것이다. 가면 가게의 영향으로 화려하면서 소름 끼치고, 괴기하게 징그럽고 때로는 혐오스러운 그의 그림들은 몇 십 년이 지난 후에도 이토록 여전히 충격적이다 못해 그로데스크하다. 그러니 그가 활동하던

제임스 앙소르 〈사람의 무리를 좇고 있는 죽음〉 1896

당시는 오죽했을까? 그의 진보적인 동료들조차 그의 이상 소재에의 탐닉으로 여겨 왕따를 시켰다. 하지만 그렇다고 심각한 정신착란 증세를 보이지도 않을 뿐더러 결혼도 하지 않은 상태에서 90여 세까지 장수했다니 독특한 일생이라고 해야겠다.

화이트 알렉산더의 〈이사벨라와 바질 항아리〉는 보카치오의 『데카메론』 중 〈이사벨라의 바질 항아리〉 이야기를 바탕으로 존키츠가 쓴 동명의 시를 읽고 영감을 얻어 그린 작품이다. 이사벨라와 로렌조가 남몰래 사랑하는 것을 눈치챈 오빠들은 신분의 차이를 뛰어넘지 못하도록 로렌초를 숲속으로 데려가 죽여 버린다. 그의 시체는 그 자리에 묻어 버리고. 그녀에겐 로렌초가 피렌체에 심부름을 가서 거기서 다른 여자를 만나 돌아오지 않는 것일 거라고 했다. 자신을 버린 애인을 생각하며 괴로워하는 그녀에게 로렌초의 유령이 나타난다. 그리고 자신에게 일어난 일과 자신이 묻힌 곳을 알려준다. 그녀는 숲으로 달려가 시체를 꺼냈지만 들고 갈 엄두가 나지 않았다. 하는 수 없이 로렌초의 목만 잘라 돌아온다. 그 잘린 머리를 항아리에 넣고 흙과 이끼를 덮은 후 바질(사랑의 상징) 씨를 뿌리고 매일 물을 주었다. 혼사를 정해도 결혼을 승낙하지 않자 오빠들은 바질 항아리를 훔쳐내어 깨 버렸다. 그 후 이사벨라는 항아리를 찾아 슬픈 노래를 부르다가 서서히 죽어갔다.

존 화이트 알렉산더 〈이사벨라와 바질 항아리〉 1897

일단 우리 마음속에서 열정이 분출하기 시작하면 환상은 이 세상에 불을 지펴 작은 것들을 크게, 추한 것들을 또렷하게 만든다. 보름달의 빛이 들판으로 번져 나아갈 때처럼 말이다. 이처럼 영원 속에는 지상에 존재하는 것들을 압도하는 무언가가 있다.

—로르카, 『인상과 풍경』 부분

페르디낭 퓌고도 〈종이 등을 든 브르타뉴 소녀들〉 1896

시인의 말

1.

詩가 나의 불수의근(involuntary muscle)*이었다면 여행은 나의 수의근(voluntary muscle)*일까?

내가 도달한 인생의 좌표를 의심할 때마다 나는 떠난다. 한껏 토로하지 못했던 것들을 하늘 호수에, 설산에, 거리 악사들에게, 야크들에게 빛과 소리의 소란스런 유희로 나를 방출한다. 열정의 부재를 쾌적하게 암시해 주는 눈부신 빛 속에서 부도덕한 그 무엇을 느꼈다면 그것은 오한처럼 어색한 그 순간의 나의 미소였을 것이다. 자신을 엿보며 비웃는 고통스럽기까지 한 그 각별함은 가슴 움푹한 곳에 나비처럼 매달린 부드럽고 구슬픈 진동이다. 그럴 때

존 화이트 알렉산더 〈고요한 시간〉 1901

---

* 의지와 관계없이 자율적으로 움직이는 근육.
* 자신의 의지에 따라 마음대로 움직일 수 있는 근육.

쉐산도 사원에서 바라보는 올드 바간의 일몰

면 애원 같기도 한 은밀한 생각들이 의도적으로 소리를 내고 있는 것이 아닌가 하는 느낌이 들곤 했다.

2.

　이국의 방에서 잠들 때 나는 나의 발밑에 작은 촛불 하나를 켜 놓는 버릇이 있다. 쪼그라 붙은 초가 헐떡이는 소리를 낸다. 촛농의 투명한 웅덩이 속에서 붉은색 신호가 깜박거린다. 벽을 따라 가파르게 떨어져 내리는 빛이 웅크리고 앉아서 나를 바라본다. 직진과 좌회전 신호가 동시에 들어오듯 저주와 구원이 동시에 꽃으로 피어난다. 저 붉은 꽃과 검은 꽃을 뒹굴어 화분(花粉)의 독을 온몸에 펴 바른다. 삶의 속임수에 걸려 가슴속에 덩어리처럼 뭉쳐 있던 것들이 전해질처럼 해리된다. 뜨거운 독이면서 또한 뜨거운 약인 삶, 그리고 나의 문학. 뜨거운 오늘이 뜨거운 선물인 이유다.

3.

미얀마 작은 도시에서 신기한 장면이 내 눈을 사로잡는다. 한 마장쯤 지나 어김없이 나타나는 투박한 항아리들! 아름드리 나뭇가지 사이에 안정감 있게 놓여 있거나, 그늘 집을 지어 뚜껑까지 모신 것을 보니 분명 신묘한 그 무엇이겠다. 그렇다면 무슨 신당일까? 아니면 도대체 저 작은 집 속에 들어 있는 항아리들은 무엇에 사용되는 것일까? 항아리가 하나에서, 다섯 개까지 있는 곳도 있다. 맨발로 사원을 걸을 때에도 내내 화두는 항아리였다.

  집안에 경사가 있거나, 소원이 있을 때, 한 집안에서 지나가는 길손들에게 물항아리를 보시한 것이다. 매일 항아리를 깨끗이 청소한 후에 찰랑찰랑 먹을 물을 담아 놓는 의식이다. 그 지역을 통과하는 길손들은 한 잔의 물로 갈증을 해소하고 가던 길을 서둘러 가는 것이다. 이 한 번의 약속은 대를 이어 지켜진다.

  아침 일찍 일어나 정갈하게 몸을 닦고 물을 길러 가는 아낙의 모습이 보인다. 때를 놓칠세라 나는 아낙을 따라 샘터에 간다. 내 마음의 차양 아래 항아리를 하나 놓았다.

  무색무취하지만 취하지 않으면 살 수 없는 현존. 시와 여행은 내게 이런 친족성으로 다가왔다.

4.

밀란 쿤데라가 『불멸』에서 "시의 천분은 어떤 놀라운 관념으로 우리를 현혹시키는 데 있는 것이 아니라, 존재의 한순간을 잊을 수 없는 것이 되게 하고, 견딜 수 없는 향수에 젖게 하는 데 있다."고 말한 것처럼, 그 고대의 예언은 망각의 강을 건너 내게로 뚜벅뚜벅 걸어왔다. 그의 삶에 조금도 관심을 보이지 않았던 나의 무례함에 대해서 어떤 표정도 짓지 않는다. 나 역시 그가 어디서 무얼 하며 어떻게 살았는지는 하등 중요할 것이 없다. 끊어지지 않는 그의 탐색만 필요할 뿐.

나에게 시와 여행은 동떨어진 시대가 아니었다. 상이한 두 여자가 하나의 유일한 몸짓 안에 마주친 것, 그것뿐이다. 갑작스런 일이라 낯설게 느껴지기도 하였지만 한미한 골목에서 그의 말을 듣고 나는 조금씩 목이 멨다. 나의 동의는 완전히 본능적이었다. 장황한 어떤 사유나, 계산에 의해서가 아니라 그저 우직한 글쟁이라면 누구나 갖고 있는 근원

에두아르 뷔야르 〈침대에서〉 1891, 오르세 미술관

적인 감정들에 기초한 것이라고, 것일 거라고 생각했다.

5.
이제는 어느덧 왔던 길을 다시 돌아가야 한다. 나는 단숨에 움켜쥐는 것보다는 천천히 쓰다듬는 것, 찰라의 엑스터시보다는 오래 지속되는 여여함 같은 것을 사랑하게 되었다. 걸어온 길이 아니라서, 가지 않은 길은 쉽지 않을 것이다. 그러나 나는 나를 의지해 더듬더듬 무소의 뿔처럼 홀로 갈 것이다. 고정된 틀에 나를 가둬 두고 싶지 않다. 그래서 또 다시 모험에 도전한다. 아무것에도 제한받지 않고 모든 절제로부터 벗어나 무한의 자유로움을 갖고 싶은 까닭에, 그러나 어쩌랴. 이미 여행이라는 새로운 질서에 빠져들어 버린 것을, 그에게 몰입함으로써 더욱 풍요로워지는 것을, 기쁘게 후회한다. 이런 기쁨은 지구덩어리를 반죽하던 일보다 울타리 너머 몰래 따먹은 감보다 더한 만족감을 선사한다.

그래서 나는 미안하고 겸연쩍은 마음으로 다시 하얀 원고지로 돌아온다.

6.
이 새로운 여행 속 수확기의 밀밭은 어느 때보다 황금빛으로 출렁이고, 자신을 향해 솟구치는 종달새처럼 나의 전신이 밀밭으로 흔들리며 노래가 되는 날, 그런 날.

훗날이란 이렇게 되고 싶은 모습과 오늘의 모습 그 틈새의 거리겠다. 토막 난 짤막짤막한 틈새들이란 사실 고요한 각성으로 나의 삶, 나의 내부, 나의 영혼 속에 조금씩 파고들어 와서 마침내 삶의 발등에 쏴아 하고 물을 부어 주는 시간이다. 낯선 나무들 사이에 섞여 느릿느릿 콘트랄토(contralto) 목소리로 언젠가는 눈감고 그 길을 갈 수 있었다고 말하게 될 어떤 것이다.

7.

얼룩무늬 양말을 벗고 다가올 훗날, 비바람 들이친 훗날의 귀퉁이가 얼룩말 무늬 바람으로 저도 몰래 휘이더라도 조금 더 윤이 나도록 나는 또 세상을 훔칠 것이다. 훔치고 훔쳐서 세상에 복수함으로서 내 복수심으로부터 내가 해방되는 날, 그때부터는 차츰 가까워지면서 누렇게 좀먹은 이불을 함께 덥고 한 집에 살고 그와 함께 갓 구운 빵을 먹고, 그와 함께 기도를 올리고, 그의 피리 소리에 일어나 딱따구리 음악회에도 가고 하얀 꽃 찔레꽃 피는 그곳에서 개구리 노랫소리를 덮고 잠들 수 있을 것이다.

페르낭 크노프 〈사라지는 속삭임〉 1858~1921

---

* 저작권자를 찾지 못한 작품은 저작권자가 확인되는 대로 계약을 맺고 그에 따른 저작권료를 지불하겠습니다. — 저자 주